匿名犯罪者

闇バイト、トクリュウ、サイバー攻撃

櫻井裕一
元警視庁警視・危機管理専門家

高野聖玄
サイバーセキュリティ専門家

836
中公新書ラクレ

プロローグ

全国の警察に下った号令

「トクリュウの活動実態を明らかにするため、全警察部門が総力を挙げよ」

2024年4月、警察庁は全国で強盗や特殊詐欺、サイバー犯罪、違法な風俗営業等を通じた資金獲得活動を繰り返す「匿名・流動型犯罪グループ」に対する実態解明と取り締まりを強化するため、専任の参事官ポストを新設。同時に都道府県警察においても、組織犯罪対策部門や保安部門からなる専従体制を整備し、部門間の縦割りを排して大幅な人員増を行うと発表した。冒頭の号令は、同年5月に開催された警察庁の全国刑事部長会議の席上で、露木康浩《つゆきやすひろ》・警察庁長官（当時）より発せられたものだ。「トクリュウ」とは、匿名・流動型犯罪グループの略称であり、露木長官が自ら名付け、定義したという。

今、我が国の組織犯罪を巡る情勢は大きな転換期にある。それには、犯罪者が活用できるテクノロジーが大きく飛躍したことが関係している。

2023年1月に東京・狛江《こまえ》市で発生した強盗殺人事件の実行犯らの背後に、その後「ルフィグループ」と名付けられるようになる匿名の犯罪グループの存在があったことは、世間を大きく震撼《しんかん》させた。事件の詳細については第1章で後述するが、この事件の特異性は、関与した犯罪グループのメンバーらに、縦の繋がりも、横の繋がりも一切なかったという点にある。

警察は、狛江市の事件以外にも、同一の実行犯らによる強盗や窃盗が、東京、神奈川、千葉、京都、広島、山口など複数の都府県にわたって十数件発生していたとみて合同捜査を開始した。すると、次第に実行犯らを海外から操る黒幕（指示役）の存在が浮かび上がってきたのである。

実行犯らが芋づる式に逮捕されて明らかになってきたのは、以下の2点である。一つは、彼らがSNSや闇の求人サイトを通じて、報酬欲しさに強盗計画に参加したいわゆる「闇バイト」の応募者たちで、お互いにそれまで面識がなかったということ。二つ目には、指示役とは実行役の中のリーダー格1名が匿名性の高い通信アプリ（以下「匿名アプリ」）を通じてやり取りするだけで、実行役側は誰一人として指示している相手がどういった人間なのかを知らなかったという関係性である。

元々の関係性のない人間同士が、ある種の目的のために簡単に繋がれるようになったのは、インターネットやスマートフォンが普及し、誰もがSNSや匿名アプリを簡単に使える環境になったことの負の側面でもある。ルフィ事件の指示役らは最新のテクノロジーを最大限に悪用することで、自らはサイバー空間が生み出した匿名性というベールの向こう側に身を隠したまま、実行のリスクを見知らぬ誰かに押し付けようとしたわけだ。一方で、実行役らは計画に参加する際に、身分証明書等を提出させられるなどしており、個人情報を握られていることから、怖くて途中で抜け出せなかったと逮捕後に供述している者もいる。

過去に闇バイトによって引き起こされた類似の事件は多数あるが、これだけ広域にわたって繰り返し実行され、かつ事件ごとに実行役のメンバーを入れ替えるなど、高い計画性が認められるケースは、このルフィ事件が初めてだった。さらには指示役らが過去に特殊詐欺に関与していた犯罪グループのメンバーだったことも判明。こういった状況から、警察としても新たな組織犯罪の形態として位置付けない限り、このような犯罪グループに対して有効な対策を講じられないと判断し、専任の体制整備を図るに至ったのである。

組織犯罪の変遷

従来、警察にとっての組織犯罪とは、暴力団がその典型であった。ヤクザと呼ばれる暴力団は、組長以下の構成員が疑似的な血縁関係を結び、厳しい上下関係によって統制された組織である。資金獲得の源泉になっているのは、組織の威力を示す代紋であり、何かトラブルが生じた際には、組織の構成員が目に見える直接的な対応をすることで、自らの存在価値を金銭に転換してきた。

しかし、１９８０年代のバブル経済期に大きく勢力を伸張させた暴力団も、１９９１年に制定された暴力団対策法や、２０１０年以降に全国の自治体で相次いで制定された暴力団排除条例による締付けで、現在は構成員を大きく減少させている。全国の暴力団構成員（準構成員等を含む）の数は、暴力団対策法が制定された１９９１年が約９万１０００人だったのに対して、２０２３年には約２万４０００人となっている。

だが、暴力団構成員の数が減少しても、組織犯罪に関わる人間がその分だけ同様に減ったかと言えば、決してそうはならなかった。「ヤクザをやっても食えないなら、わざわざ上下関係の厳しい組に入るメリットなどない」と考える若い素行不良者らは、元々所属していた暴走族やチーマーグループの同世代と緩やかな連帯関係を維持しながら、時には暴力団とも協力関係を結びつつ、表社会と裏社会を行き来するような存在であることに価値を見出すようになっていったからだ。

2000年代半ばから2010年代前半は、後に「半グレ」と呼称されることになる、そういった若い素行不良者らが、旧来的な犯罪組織である暴力団が手を出していなかった資金獲得領域に進出していった時期だったと言える。その中でも代表的な犯罪ビジネスとなったのが、闇金融や出会い系サイトにルーツを持つ、特殊詐欺（初期の名称は「オレオレ詐欺」）である。

特殊詐欺を行う際に必要なのは、ターゲットとする名簿、足の付きにくい「飛ばし」の携帯電話、同じく足の付きにくいダミーの銀行口座、掛け子や受け子の手配、作業場所の確保、手順マニュアルの整備といった要素だが、これらの領域の多くは、比較的年齢層の高い暴力団構成員より、20〜30代の若者のほうが得意とするところだったことも、多くの半グレが早い時期から特殊詐欺に参入した理由だった。

2013年3月になると、一向に減少しない特殊詐欺の被害総額に頭を悩ませた警察庁は、暴走族OBらで構成される関東連合が引き起こした六本木フラワー事件を契機に、関東連合や中国残留孤児の二世・三世らによって構成される怒羅権《どらごん》など十数の半グレ集団を「準暴力団」と規定し、組織犯罪対象として厳重に取り締まっていく方針を打ち出す。これにより、それまで警察から暴力団ほどの締付けを受けることなく、自由にやってきた半グレ集団の活動にも一定の制限が掛けられる格好となった。

テクノロジーを駆使する犯罪グループの出現

しかし、今日においては、その隙間を埋めるように新たな社会的脅威が生じている。それが、ルフィ事件のメンバーに代表される「トクリュウ」である。警察庁はトクリュウの特徴を「SNSを通じるなどした緩やかな結び付きで離合集散を繰り返すなど、そのつながりが流動的であり、また、匿名性の高い通信手段等を活用しながら役割を細分化したり、特殊詐欺や強盗等の違法な資金獲得活動によって蓄えた資金を基に、更なる違法活動や風俗営業等の事業活動に進出したりするなど、その活動実態を匿名化・秘匿化する状況がみられる」と定義しているが、この説明の分かりにくさこそが、トクリュウの本質とも言える。

「緩やかな結び付きで離合集散を繰り返す」集団の場合、たとえ末端の実行役を逮捕しても、従来型の組織犯罪と異なり、指示役である組織上層部への突き上げ捜査は困難を極める。ＳＮＳや闇の求人サイトで集められた実行役と指示役の間には、そもそもの社会的な人間関係がないうえ、匿名アプリでのやり取りや、暗号化資産を使った獲得資金の移動などが行われている場合、追跡に相当な時間を要するからだ。こういった人間関係や資金移動を匿名化・秘匿化するやり方は、闇金融や特殊詐欺を働いてきた半グレ集団の間で培われてきたノウハウでもある。

暴力団や準暴力団と異なり、組織としての名前を持たないトクリュウの各グループが、どうやって形成されていったのかを明らかにすることは容易ではないが、中核となっているメンバー（ルフィ事件でいえば指示役）の多くは、暴力団や準暴力団との結び付きが強い者らで構成されていると警察はみている。実際、トクリュウが主導した事件のいくつかにおいて、その関与はすでに確認されている。また、暴力団の構成員自体がトクリュウの中核メンバーになっていたケースも認められている。その意味で、暴力団や準暴力団を含む半グレ、トクリュウを綺麗に色分けすることは難しい。それぞれがアメーバ状に結び付いたり、離れたりを繰り返しているとみられるからだ。

そう考えた時、トクリュウとは、暴力団対策法や暴力団排除条例などの法規制と、スマートフォンがもたらしたテクノロジーに最適化した、組織犯罪の中の「変異体」と見ることもできる。組織の看板を資金獲得の源泉としてきた暴力団や準暴力団と違い、匿名アプリや暗号化資産を使って、自らの存在や資金の流れを匿名化・秘匿化することを最大の強みとし、中核部分に法執行機関や他の組織を寄せ付けないよう細心の注意を払うことのできる犯罪グループ。それでいてなお、暴力団や準暴力団とも結び付きを有し、共存・共謀している点が大きな特徴でもある。

トクリュウが手掛ける犯罪領域は、特殊詐欺や強盗から、違法な風俗営業、株式市場における仕手戦、新手のサイバー犯罪まで次々に広がっている。そしてまた、我が国は海外の匿名サイバー犯罪グループからも日常的に攻撃を受けている。こうした新たな社会的脅威に対して、我々はどう向き合い、対策していけばいいのか。本書では、トクリュウを中心とした最新の組織犯罪動向、国内外の匿名犯罪者グループによって生じているサイバーリスクについて、元警視庁組織犯罪対策部管理官の櫻井裕一と、サイバーセキュリティ専門家の高野聖玄が共同で解説する。誰にでも忍び寄る可能性のある犯罪から、どう身を守っていくかを提示したい。

目次

図表作成／椚田祥仁
本文DTP／今井明子

匿名犯罪者

闇バイト、トクリュウ、サイバー攻撃

第1章　新たな犯罪集団の脅威

闇バイトと「ルフィ事件」

２０２２年から２０２３年にかけて日本国内で相次いで起こった広域強盗事件、通称「ルフィ事件」は社会を大きく震撼させた。それは、日本において大規模な強盗犯罪が組織的に行われているという事実を浮き彫りにし、同時に日本中の誰もが同じような被害に遭う可能性があることを顕わにした最初の事件であった。

ルフィ事件は、まず「闇バイト」という言葉とともに私たちの前に姿を現した。フィリピンを拠点とする犯罪グループが、スマートフォンの匿名アプリを使って若者を雇い入れ、遠隔操作で強盗を指示する形で展開されたことに、これまでの犯罪とは異なる新しさがあったと言える。

事件の主犯格である指示役が「ルフィ」や「キム」といった名前を名乗り、フィリピンのビクタン収容施設内から指示を出していたことが、「ルフィ事件」と呼ばれるようになった由来である。この犯罪グループが関与していた事件は、明らかになっているだけで14件にも上る。

一連の広域強盗事件が世間の耳目を集めるきっかけになったのは、２０２３年１月に東京・狛江市で発生した強盗殺人事件だった。市内の住宅で、90歳の住人の女性が結束バンドのようなもので両手首を縛られ、撲殺されている状態で見つかったものだ。住宅内には物色された跡があり、強盗による殺人事件であることは明らかだった。

後に逮捕された実行役の男らは、裁判の席で「当日は、（匿名アプリの）テレグラムで通話が繋がっていた指示役から『カネの在処《ありか》を聞き出すために殴れ』と言われ、被害者女性に殴ったり蹴ったりを繰り返しました。それでも答えないので、最終的には持ってきたバールで殴りつけました」と、被害者に対して凄惨《せいさん》な暴力が振るわれていた状況を供述している。

しかし、結局思うような答えが聞き出せず、現金を見つけられなかったため、実行役らは、その場にあった時計と指輪を盗って逃走する。だが、現金を奪えなかったことから実行役らは再侵入の指示を受けるが、それも上手くいかず、別の住宅への強盗に方針を切り替えたという。

翌日、実行役らは途中で逃走した1名の代わりに新たな男をくわえて、東京・足立区の住宅に宅配業者を装って押し入る準備に取り掛かる。ただ、この日は住人が在宅していなかったことからいったんは引き返している。裁判での供述によれば、実行役らは

「確実にカネの在処を突き止めるため、空き巣より強盗を選んだ」というから恐ろしい。

これも裁判で明らかになったことだが、足立区の事件で住人が在宅していなかったのは、その前日に警察を名乗る男から、家の建物の構造や資産について訊ねられるという不審な電話があったためだ。いわゆる「アポ電」と呼ばれるものである。一般的に営業先に予約を取ることをアポイントメントと言うが、それが転じて強盗や空き巣に入る先を見定めるために、犯罪グループがかける電話をこう呼ぶようになった。これは、特殊詐欺グループが被害者を騙《だま》して振り込ませる電話の手口が発展したものだ。住人の女性が不審な電話がかかってきたことを警察に伝えたため、本物の警察官が保護に来たのである。

結局、実行役らは住人がいない間に空き巣に入ることにする。ところが近くの車で待機していた実行役の一人が、不審な車がいるという通報を受けてパトロールしていた警察官による職務質問がきっかけで逮捕されたため、残りの男らはその場から逃走する。

その後、逃走した残りの男のうち二人は、指示役の誘導に従って、海外逃亡のための準備をしていたことが明らかになっている。二人はパスポート申請に使う偽造免許証のための証明写真を撮るように言われるが、そのデータを匿名アプリで指示役に送ると、数日後には実際の偽造免許証が二人の手元に届いたという。だが、免許証に不備があったため、住所変更に赴いた免許センターで偽造が発覚し、そのまま逮捕されるに至る（犯行の様子や裁判での供述については、FNNなど複数の報道や、ノンフィクションライター・高橋ユキ氏の裁判傍聴記事を参照）。

この二人が海外逃亡を図っている頃、狛江市の事件はすでに全国ニュースで大きく報道され始めていた。ただ、この時点においては、警察も世間も、その後明らかになるように、ルフィ事件がかつてない社会的な脅威となっていることまでは想像していない。

狛江市の事件から遡ること８か月前の２０２２年５月、京都市のある貴金属店が強盗に襲われる事件が発生している。そして、この事件を皮切りに、２０２２年10月に東京都稲城市、２０２２年11月に山口県岩国市、２０２２年12月に東京都中野区と広島市、２０２３年１月に千葉県大網白里《おおあみしらさと》市と、似たような手口の強盗・強盗未遂事件が離れた地域で一見したところ単発的に発生していた。日本中で深刻な脅威が生じていることを多くの人が認識し始めたのは、これら点と点だった事件が、実は裏で繋がっている可能性がにわかに浮かび上がってきてからだ。

「ルフィ事件」の真の恐ろしさ

当初、警察もこれらの事件を別々のものとして扱っていたが、その後の捜査の過程で、現場の手口や実行役の足取りなどから、同一犯罪グループによる犯行の可能性が浮上する。事件現場ごとにメンバーの入れ替えを繰り返しながら、「指示役」「実行役」「自動車調達役」に分かれて犯行を繰り返していた実態が次第に明らかになっていったのである。

新たな凶悪犯罪が連続発生している事態に、警視庁は複数の部署にまたがる前例のない「総合捜査本部」を設置。事件の全容解明に向けて、大規模な捜査体制を敷いた。そして、約1年をかけて全国8つの事件を主導した指示役を特定し、フィリピンの収容所にいる4人の主犯格の逮捕に踏み切る。

実は主犯格4人のうち3人には、2019年に特殊詐欺に関与した容疑ですでに別の逮捕状が出ていた。2019年11月、警視庁捜査二課はフィリピンで特殊詐欺の掛け子[1]をしていた日本人36人を一斉に検挙しているが、その特殊詐欺グループを首謀していたのが、ルフィ事件の主犯格の一人であったのだ。

警察関係者によると、主犯格の4人はフィリピンを拠点に特殊詐欺を指揮していたが、逮捕状の出ている日本への強制送還を逃れるため、自らを加害者とする事件を現地の弁護士に偽造させ、2021年からビクタン収容所に収容される生活を送っていたという。

2023年2月、フィリピン政府の協力によって、主犯格とされた4人は日本へ送還され、警視庁により逮捕されるが、その後の捜査によって、凶悪かつ狡猾《こうかつ》な犯人グループの実像が次々に明らかになっていく。

SNSを悪用した闇バイトの募集、アポ電を使った侵入先の選定方法、暗号化された通信手段（匿名アプリ）を用いた強盗指示、暴力を振るうことを厭《いと》わない残忍なやり口などである。これらは、日本国内において新たなタイプの犯罪集団が形成され、平和な社会が現在進行形で崩壊している事実を感じさせるに十二分だった。

ルフィ事件がこれまでの犯罪と大きく異なる特徴として、次の三つの点が挙げられる。

まず、指示役となるリーダーシップを握る者たちが存在し、彼らが日本国内にいる仲間や、SNSで集めた闇バイトらに遠隔から指示を出す形で犯罪を実行していたこと。

次いで、そうした遠隔からの指示には、指示役が自らの身元を隠すためや、警察によ

1　特殊詐欺において、被害者に電話をかけて、言葉巧みに騙す役割。

る捜査をしにくくすることを目的に、テレグラムなどの匿名アプリが使用されていたこと。

最後は凶悪化である。主犯格らはこれまでも高齢者を狙った特殊詐欺を繰り返していた詐欺グループの一味であったが、それが何かの機に強盗指示へと変わっていった。一連の犯行の多くはあえて高齢者の在宅時を狙い、凶器を持った実行役が押し入るものである。明らかに質的な転換がある。

しかも、実行役が被害者宅に現金や貴金属があることをあらかじめ把握していたような言動を取るなど、犯行グループが事前に被害者に関しての情報を収集したうえで、ターゲットを選定していた計画性も窺える。

詐欺行為からより凶悪な強盗への転換。これが新たな社会の脅威として多くの人が認識することになった「ルフィ事件」の本質ではないか。

逮捕を逃れるために海外拠点へ

一連の捜査において、警視庁の総合捜査本部では、フィリピンのビクタン収容所で、ルフィ主犯格らと交流のあった人物を協力者として、現地におけるルフィグループの手口や動向を把握していったとされる。

特殊詐欺に詳しい警察関係者が言う。

「特殊詐欺グループの主犯格の中には、国内で末端の掛け子や出し子[2]が検挙されたことをきっかけに、自らにも逮捕の手が及ぶことを恐れて、タイやフィリピンなどの東南アジアの国へ逮捕状が出る前に逃亡するケースが多くみられます。２０１０年代前半頃からそういったケースが増えてきたのではないでしょうか。

そして、東南アジアへ渡った彼らは、今度はそこを拠点に掛け子らを組織して、新たに特殊詐欺を日本在住者に対して働くようになります。日本国内では、掛け子の拠点に対する摘発が進んだことで、海外に拠点を移すグループが増えたこととも密接に関係しているとみられます」

過去にタイで特殊詐欺の掛け子として働き、逮捕された男が言う。

「最初は、営業代行会社を装って入居した都内の雑居ビルで掛け子をしていましたが、他のグループが摘発されることが相次いだことで、掛け子の中で成績がよかった何人か

2　被害者から犯行グループの口座に振り込まれた金銭を引き出す役割。

が、海外へ〝出張〟させられることになりました。

衣食住付きで、それまでより稼ぎもよくなるということで、自分も参加することにしました。現地では、一軒家に十数人が集まって、掛け子をしながら共同生活をしていましたが、特に不自由なくやっていた感じです。

一軒家があったのが郊外だったこともあり、遊ぶ場所もないので、おカネは貯まりました。それで、ビザの関係で日本に戻ってこなければならないタイミングで、キャバクラなどでバーッと使うということを繰り返していました」

当然ながら、特殊詐欺によって得られた犯罪収益は、銀行口座などにはそう簡単に入れることができないため、常にどこかで現金を保管しておく必要に迫られる。また、銀行や証券会社の口座に入れられなければ、株式投資などにも使えないため、おのずと現金で得られるものへと使い道が向かいがちになる。

ニュースで流れる特殊詐欺事件の容疑者らの供述内容に、集めたカネをキャバクラでの豪遊やブランド品、高級時計の購入に使ったとあるのは、多額の現金を散財できる使い道が意外と限られているためとも言えるだろう。

特殊詐欺を行っている犯罪グループが海外に逃れる理由としては、警察に逮捕されたくないというのは当然あるが、もう一つ彼らが恐れているのが、似たような犯罪グループや暴力団などによる「タタキ」である。タタキとは強盗を示す警察用語だが、多額の犯罪収益を手にした特殊詐欺グループにとって、逮捕されることの次に怖いのはタタキに遭うこととも言える。

カネを手にしたことで、身なりが派手になり、繁華街で派手に遊ぶようになれば、他の犯罪グループや暴力団らの格好のターゲットにもなる。不当に得た収益で派手に遊んでいる犯罪グループなら、タタキをしても、相手側も警察に駆け込めないことが分かっているためだ。

暴力団関係者が言う。

「タタキを恐れて、タイやフィリピンに渡った特殊詐欺グループの首謀者らも多い」

なぜ犯罪者はタイやフィリピンへ渡るのか

では、なぜ多くの犯罪者がタイやフィリピンといった東南アジアの国へ渡るのか。大きな理由として以下のポイントがあると考えられる。

まず大きいのは、東南アジアの一部の国は、従来より犯罪者が潜伏しやすい地域とされてきた歴史があるためだ。理由は日本や欧米諸国と比較して、法制度が整っていなかったり、法執行機関のリソースが不足していたりと、犯罪に対する体制にどうしても甘い部分があることによる。

また、組織犯罪グループが現地の法執行機関の関係者を買収するのが当たり前になっており、潜伏が容易な環境であることも大きい。特にフィリピンにおいては、ルフィ事件が示したように、収容所内からスマートフォンを使った遠隔操作の指示が可能なほど、犯罪者に対する管理体制が脆弱《ぜいじゃく》なことが指摘されている。

しかも、逃亡先に選ばれるのは、日本との間に犯罪者の引き渡しを義務付ける条約（逃亡犯罪人引渡条約）がない国が多い。たとえ、現地で問題を起こしても、日本へ強制送還されるリスクが低いためだ。また、法律の違いによって、現地の司法システムの下では、日本側の求める法的手続きが上手く進まなかったり、場合によっては手続き自体が困難になったりすることも逃亡者を有利にしている。

さらに、タイやフィリピンなどは、日本の観光ビザであれば簡単に入国できるため、逃亡者が入国するハードル自体も低い。また、日本人が比較的多く住んでいる地域もあるため、現地の日本人コミュニティに紛れることで身元を隠しやすく、長期間の潜伏がしやすい点も大きいだろう。

くわえて、東南アジアの一部では、すでに日本の組織犯罪グループが根付いていることも見逃せない。その源流は、暴力団の組員が所属組織を破門や絶縁になった際に、身を隠したり、逃げ場として選んだりした地であったことにあると考えられる。筆者（櫻井裕一）の記憶では、そういった流れは、１９９０年代にはもう始まっていた。

また、当時は失敗を犯したり、追われる身となったりした組員が現地に連れていかれ、殺害されるということも頻繁に行われていた時代だった。しかしそうした噂はあっても、実際に事件は発覚もしなければ、容疑者が逮捕されるようなこともなかったのである。

というのも、その頃には、東南アジアは司法も行政も甘く、カネで支配できる国として日本の組織犯罪グループに認識されていたからである。フィリピンやタイ、カンボジア、ベトナムといった国々で、入国した暴力団関係者は現地の不良グループとカネで繋がりを持つようになり、現地警察をも動かす組織を作り上げていった。

そして、そのように現地で勢力を持った日本人グループを頼りに、他の暴力団組織も次々に東南アジアへと進出し、各国で表の顔としてキャバクラなどの風俗店、カラオケ店、マージャン店などを経営しながら縄張りを拡大していった。東南アジアの諸国は、警察の力が非常に強いため、日本でいうみかじめ料や用心棒代を取るのは警察側である。海外進出した日本の組織犯罪グループは、現地警察にカネを支払うことを通じて強固な関係性を築いているわけである。

このような背景があるため、東南アジアにおける捜査に難しい面があるのは事実だ。もちろん、現地の法執行機関と密な連携が取れれば成果を生むケースもある。しかし筆者の現職時代の経験では、タイの警察や検察は日本警察に対して非常に協力的だった一方で、フィリピンの警察は表面上は協力的な姿勢は見せるものの、実際にはこちらの要請をのらりくらりと受け流すだけであった。その際、暴力団関係者からカネを積まれているのだなという直感が働いたことを憶えている。ルフィ事件において、主犯格4人が早い段階でフィリピンから日本に送還されたのは、警察レベルの折衝ではなく、政府間ルートによる要請だったためだろう。

使い捨てにされる闇バイト

「極刑でないと償えない」

闇バイトを通じて、ルフィ事件に実行役のリーダー格として関わり、6つの事件で起訴された23歳の被告の男は、法廷で涙ながらにそう語ったという。

今、ＳＮＳには闇バイトを募集する投稿が溢れている。詳細は第５章で述べるが、「短時間で高収入」「誰にでも可能な簡単作業」「完了後に即金」「ホワイト案件」という言葉につられて、怪しいとは感じつつも、自分は大丈夫という正常性バイアスのためか、闇バイトに手を染める者が後を絶たない。

２０２４年版の『警察白書』によると、特殊詐欺に関わって検挙された２３７３人のうち、ＳＮＳがきっかけで加担したのは、９９１人と全体の41・８％を占める。読売新聞（２０２４年12月６日）の報道によると「各地で相次ぐ『闇バイト』による強盗事件などで、警察当局が８月以降に逮捕した容疑者は男女56人に上り、20歳代以下が約８割だった。〔…〕読売新聞が容疑者の年齢や役割、供述などを分析したところ、年齢別では20歳代が最多で37人、30歳代が10人、10歳代が７人と若年層が大半を占めた。〔…〕捜査関係者によると、大半の容疑者は『高額報酬』などとX（旧ツイッター）で検索し、『荷物運搬』『ホワイト案件』をうたう求人に応募していた」[3]という。

闇バイトに応じる者たちは、匿名のベールを纏《まと》い、事件を遠隔で操る巧妙な首謀者に対して、文字通り非対称的な存在だ。自らが手を汚すことを避ける指示役や首謀者に比べ、現場で実行役を担う闇バイトが負うリスクは圧倒的に高い。そう考えるのが、一般的な感覚に思えるが、実際に闇バイトに応募した者は、どういった感覚なのだろうか。

それを窺い知るための一例として、メディアでも報道された強盗事件の実行犯として捕まったある未成年Aについて、自身の子どもと親しかったことから、よく知っているという母親に話を聞いた。

「強盗事件で捕まったAくんは、息子のいる地元不良グループの仲間の一人でした。ただ、どちらかというとグループの中でも大人しいタイプの子で、はっきり言えば昔からうちの息子のほうが素行が悪く、警察沙汰になるのはいつも息子でしたね。

だから、Aくんが強盗事件を起こしたと聞いた時は、非常に驚きました。なぜあんなに優しそうな子が、と思ったからです。ただ一方で、Aくんが両親から見放されていて、かなり生活に困窮していたという話も耳にしていたので、もしかしたら相当お金に困ってやったのかもしれないとも思いました。

不思議だったのは、Aくんを強盗事件に誘ったのは、息子もいる地元不良グループではなく、違う地域のあまり付き合いのない子たちだったことです。Aくんは、その違う地域の子から、闇バイトをやるから一緒に手伝わないかと誘われたそうです。息子の話では、お金に困っていることを仲間に言いづらくて、違う地域の子の誘いに乗ったのではないかということでしたが、真相は分かりません。

ただ、Aくんは『未成年だから、もしパクられても大した罪にはならないから大丈夫』と誘われていたそうで、そんな甘い誘いに乗せられて闇バイトに加わったことをとても後悔しているようです。

もちろん、何の情状酌量にもならないと思いますが、闇バイトに応募してしまう未成年の中には、そういった生活環境や知識の乏しさがある子たちも少なくないのではと感じています。実際、この件以外にも、息子の周りには常に闇バイトの誘いが飛び交っているそうです。それは、SNSを通じたものや、先輩から持ちかけられるものなど様々だといいます」

では、そういった闇バイトの誘惑に、息子を持つ母親として、どう歯止めを掛けているのだろうか。その母親が続ける。

3　読売新聞：「闇バイト」強盗の逮捕者56人、20代以下が8割…「指示役」は身元隠し若者を「捨て駒」に
https://www.yomiuri.co.jp/national/20241206-OYT1T50032/

「私自身も、息子が育ったのと同じ地元に生まれ、10代の頃は、息子以上にさんざん警察のお世話になった過去があります。息子に対して『大人の言うことを聞け』とか『警察に捕まるようなことをするな』とか言っても、まったく耳に入らないだろうなと。10代の息子の気持ちを理解できる面も多少は残っていますしね。

だけど、喧嘩《けんか》や暴走行為などで捕まることはまだしも、闇バイトで詐欺をやったり、強盗したりすることだけは、さすがにやめてほしい。

だから、息子に対しては『もし闇バイトで捕まって実刑3年の判決を受けたら、たとえ100万の報酬だったとしても、時給にしたら200円もないぞ。あんたが嫌がっている地味なバイトより低いんだぞ』って言っています。そう説明すると、息子も『あー』って理解しているような様子です」

警察が追うトクリュウの尻尾

こうした社会情勢を受け、警察も新たな脅威に対応するための体制を急ピッチで整えている。

2024年12月24日に開かれた全国警察幹部を集めた会議においては、警察庁の露木康浩長官（当時）が「組織犯罪対策の軸足を、暴力団からトクリュウにシフトすべき転換期にある」とし、「トクリュウは日本の治安対策上の最大の脅威の１つで、国民の体感治安に大きく影響を及ぼす要因になっている」[4]と、より踏み込んだ発言を行い、新たな捜査方針で臨むことを示した。

警察関係者は、「各都道府県警察の中では、すでに組織犯罪対策部門の中から、トクリュウ専門チームが組織され、情報収集や事件捜査に当たっている。これまで主に暴力団を担当していたベテラン捜査員も数多くトクリュウ対策に移っている」と語る。また、未成年者が闇バイトに関与するケースも多発していることから、少年犯罪を担当する部門との連携も強化されている模様だ。

２０２５年1月20日時点において、警察が合同捜査本部を設置し、コアターゲットとして重点的な捜査を行っている事件は18件に上るという。このうち、17の事件で実行役ら46人が逮捕されており、うち10代が５人、20代が32人と、やはり若者の関与が目立つ。

4　ＮＨＫ：『トクリュウ』捜査 警察庁長官 警察の総力挙げた対策を指示 https://www3.nhk.or.jp/news/html/20241224/k10014677771000.html

逮捕者には実行役のほか、闇バイトのリクルート役や現金の回収役、犯行の準備役も含まれているが、中には複数の事件に関わった容疑者もいるようだ。

ただし、懸念されるのは、首謀者の特定までには至っていないことである。詳しくは以降の章で述べていくが、闇バイトによる実行役らが逮捕されても、首謀者にまで辿り着くことに時間を要するのは、実行役と首謀者を隔てる匿名性の壁によるところが大きい。SNSや匿名アプリの存在は、それほどまでに捜査のハードルとなっていると言える。

そこで、警察が匿名性の壁を破ろうと新たな捜査手法として導入を決めたのが、捜査員が架空の身分証を使って犯行グループに接触・潜入するための「仮装身分捜査」だ。警察関係者は「離合集散を繰り返し、闇バイトを操るトクリュウの首謀者に迫るためには、今後欠かせない手法となるはずだ。政府の意向を受ける形で、警察としても大幅に踏み込んでの導入決定と聞いている」と言う。

なお、仮装身分証を作成することは公文書偽造罪に抵触するものの、警察庁は刑法35条の正当業務行為として、違法性が阻却《そきゃく》されるとの見解である。これは、末端の実行役らの検挙から、首謀者らへの突き上げ捜査に向け、犯罪者グループが最大限悪用しているサイバー空間において、打てる手は全て打つという警察の意志の表れだろう。

警察はまた、闇バイトに加担しようとする者たちへの呼びかけにも力を入れている。警察庁は、闇バイトに応募したことがきっかけで、首謀者らから「危害を加える」と脅されている人を一時的に避難させたり、その家族に被害が及ばないよう、周辺のパトロールを強化したりするなどの対応を取ることを大々的に打ち出した。

その効果は早くも現れているようだ。２０２４年11月末時点において、闇バイトに応募した人から寄せられた相談によって、警察が本人や家族を保護したケースは、１２５件に上るという。

警察関係者は「たとえ闇バイトに応募してしまっても、少しでも早く引き返すことが大事なので、罪を犯す前に警察（「＃９１１０」）に相談してほしい」と力を込める。

第2章　ヤクザや半グレと何が違うのか

暴排条例で一変したヤクザ社会

２０１０年より、全国の地方公共団体で暴力団排除条例（暴排条例）が順次施行され始めてから15年近くが経過したが、この間、日本のヤクザ社会は大きな変化を遂げた。この暴排条例は、暴力団と一般社会との関係を断絶することを目的として定められたものだったが、結果として地域社会における暴力団の影響力を大きく削ぐきっかけになったと言える。なお、本書ではヤクザの定義を、警察による指定暴力団組織に所属する構成員もしくは準構成員を指す単語として使用する。

暴排条例が総合的な規定として整備される契機となったのは、暴力団同士の抗争が頻発したことによる県民の不安を受け、２０１０年４月に福岡県が施行した福岡県暴力団排除条例だ。この時期の九州地方では、県内の指定暴力団である道仁会《どうじんかい》と九州誠道会《せいどうかい》の対立が激化し、多くの一般市民が巻き込まれる事件が発生する事態となっていた。

このような背景から、地域住民の間において暴力団排除運動が促進され、条例制定へと結び付いた。その後、全国の都道府県において同様の動きが広がり、２０１１年10月には最後に残った東京都と沖縄県でも施行されたことで、全都道府県を網羅するに至った。

その結果、金融機関や企業は暴力団との取引を避けるために、暴力団排除の方針を強化する動きに大きく傾くこととなる。たとえば、銀行や証券会社は暴力団との関係を避けるため、ブラックリストを作成し、暴力団と関係がある顧客の口座を閉鎖することが当たり前となった。

これは、バブル期に暴力団がフロント企業を介して銀行から融資を受けたり、大口の証券取引をしたりしていたことを考えると、劇的な変化と言える。同様に、バブル期においては地上げで大きな収益を上げた暴力団も少なくなかったが、暴排条例は不動産の売買はおろか、暴力団員が自ら住む家を借りることをも難しくした。

企業についても同様である。暴排条例は企業が暴力団と関わることも厳しく制限しており、もし取引に暴力団が関与していることが明らかになれば、企業側が処罰されるリスクが高まったからだ。場合によっては、企業側が暴力団との関係を理由に、金融機関から融資や取引を停止される可能性もある。そのため、多くの企業が暴力団との関係を断つようになった。

経済的に追い詰められる暴力団

とはいえ、企業がすんなりと暴力団との関係を断ち切れないケースもある。だが、その代償は限りなく大きい。以下、いくつか事例を挙げよう。

関東に本社を置くある建設会社は、暴力団組員が仕切っている談合に長年参加しており、暴排条例の施行以降もずるずると関係を続けていた。しかし、警察により談合事件が摘発され、暴力団員の関与が明らかになったことで、その建設会社の代表は辞任。銀行から取引停止を通告されたうえ、全ての契約も中止となり、倒産に追い込まれることになった。

また、九州のある中堅建設会社では、代表者が暴力団幹部とゴルフや食事を何度も共にしたことが分かり、地元警察から警告を受けていたが、それでも知らぬふりで関係を続けていた。警告を繰り返し無視したことに怒った地元警察はその事実を公表。それによって、銀行取引が全てストップ。社員数千人を抱えていたその会社はあっという間に倒産してしまう。さらに、何も知らなかった社員たちが、次の就職先を探す際にも、前職が反社会的勢力との関係があった会社であるとの風評により、非常に苦労したとの後日談まである。

昔からの付き合いがあると、なかなか関係を断ち切れないと感じる人もいるかもしれないが、関係を続けることがいかに社会的に大きなリスクかを再認識すべきだ。付き合いを断ち切るには、相手側に付き合うことができないとはっきり伝えることが大切だが、自身だけで対応するのが不安な場合は、警察に相談するという方法もある。

警察に相談すれば、相手との話し合いに同席してくれるほか、警察から相手側に対して、今後の付き合いをしないよう伝達もするので、困っている場合は近くの警察署の窓口を訪ねてみるのがいいだろう。

また、暴力団の伝統的な資金源となってきた「みかじめ料（用心棒代）」についても、暴排条例によって飲食店やクラブ、キャバクラ、バー、風俗店に対する警察の指導・監視が強化され、店側が支払いを拒否するケースが増加。現在でも一部の店が支払っている事案が認められることもあるものの、全体としては大幅に減少している。

このように、暴排条例と社会の変化により、暴力団社会全体においては、従来の経済的な基盤が徐々に失われており、現在では活動資金を調達するのが非常に困難な状況にあると言える。プロローグでも記したが、全国の暴力団構成員（準構成員等を含む）の数は、暴力団対策法が制定された1991年が約9万1000人だったのに対して、2

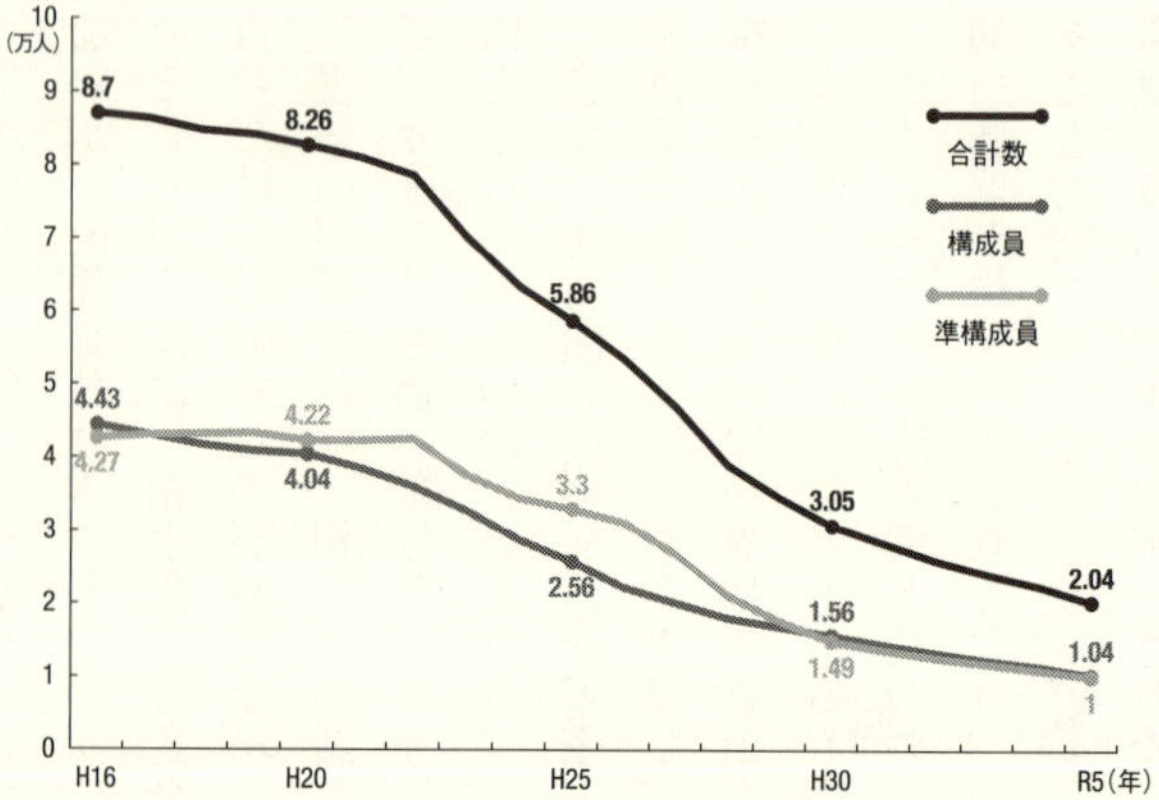

図表1　暴力団構成員等の推移
出典:警察庁組織犯罪対策部

023年には約2万400人と大幅に減少している（**図表1**）。

その大きな要因が経済的な基盤の喪失にあるのは間違いないだろう。しかし、これまで組織犯罪の主役とも言えた暴力団員が減少していく一方、その隙間を埋めるように2000年代半ばからは、「半グレ」と呼ばれる新たな組織犯罪集団が次第に台頭するようになってくる。

半グレと暴力団の違い

半グレという呼称は、暴力団や匿名・流動型犯罪グループ（トクリュウ）のように警察が指定したものではないため定義はやや曖昧だが、暴力団には属していないが、暴力的または違法な活動に関与している素行不良者やそれらのグループを指す言葉というのが一般的な解釈だろう。暴力団と一般市民の間に位置する存在を示す言葉として広まったとみられる。

グループとしては、暴走族OBや地元の不良仲間からなる集団であり、暴力団組織のような明確な階層構造や規律がなく、緩やかな仲間内で形成されているのが特徴だ。中には元暴力団員や在日不良外国人が含まれているケースもある。

上下関係が厳しいうえ、暴排条例で締付けが厳しくなった暴力団に入るメリットがないと考える若い素行不良者らにとって、同世代の仲間内で連携していくというのは、ある意味で合理的な選択だとも言える。

それに対して、ヤクザ組織である暴力団は厳密な階層構造を持ち、明確なトップ（組長や会長）と役職に応じた、伝統的な指示系統が存在する。組織内部には上部組織と下部組織があり、各組員が役割を持って組織活動に従事しなければならない。

そのため、暴力団が指揮命令系統を明確に持つ組織であることを理由に、組員が行った暴力行為や違法行為によって第三者に損害が発生した場合、その行為を行った組員だけでなく、その活動を組織的に指揮または命令した上部の使用者側にも賠償責任が生じると民法上の解釈をする流れも生まれた。

これは、組織的な犯罪活動に対して使用者責任を負わせることで、暴力団による犯罪行為を抑止しようという狙いや、末端の組員個人そのものには賠償能力がないことも多いため、組織全体や幹部に責任を負わせることで被害者救済を図るという意味がある。

そうなると暴力団の中には、傘下組員に対して「組織の名前を出して恐喝や喧嘩をするな」と行動制限を設けたり、資金獲得活動を大っぴらに行うことを避けたりしようとする動機が生じてくる。そうして生まれた組織犯罪界におけるパワーバランスの変化の中で、新たな資金獲得領域に進出していったのが半グレ集団だった。

暴力団のような厳密な組織体系を持たない半グレ集団は、柔軟で迅速に犯罪手法を変化させるのが特徴でもある。特殊詐欺や投資詐欺、インターネット・SNSを使った恐喝など、現在大きな社会問題となっている犯罪の多くは、新しい資金獲得領域をどんどん広げていった半グレ集団らによって生み出されたものだとも言えるだろう。

また、恐喝、闇金、繁華街でのスカウト活動、風俗店の斡旋、キャバクラや風俗のぼったくり営業など、従来は暴力団の資金源になっていた領域についても、表に直接出ることを避けるようになった暴力団の代わりに、半グレ集団がその多くを担うようになっていく。

半グレとヤクザは協力しあう

ただし、半グレ集団が暴力団の資金獲得領域を奪いにいっているライバル的な存在かというと、そう単純な構図でもない。半グレ集団と暴力団の関係は複雑だ。暴力団側としては、自らが直接関与できない犯罪活動や新たな資金獲得活動への参入、自ら動くことで目立つリスクを回避するため、半グレ集団を利用したいという動機がある。

一方で、半グレ集団側としては、敵対的な関係にある他のグループから身を守るため、暴力装置として暴力団との繋がりを利用したり、大規模な犯罪活動を行うなどするための資金提供元として暴力団を頼りたいという動機がある。つまり、双方はライバル関係というよりは、それぞれの立ち位置に応じた協力関係にあるとみるのが正確なところだろう。

もちろん、一部の暴力団と半グレ集団が対立したりするケースもみられるが、組織犯罪全体の動向としては、協力しあっている面のほうが多いと考えられる。そのため、警察としてはどの半グレ集団が、どの暴力団と関係を持っているか、地元の先輩後輩などの人的な繋がりがあるかどうかなど、双方の関係性に関する情報収集にも2010年代以降から力を入れるようになった。

そして、組織犯罪の構図が大きく変化する中、警察庁は2013年3月に、六本木フラワー事件を引き起こした関東連合や、中国残留孤児の二世・三世らによって構成される怒羅権《どらごん》など、全国の十数の半グレ集団を「準暴力団」と規定することで、組織犯罪として厳重に取り締まる対象とした。

現在ではその対象も増え、全国の約80グループが準暴力団として位置付けられている。なお、準暴力団傘下の人数規模について警察庁は明らかにしていないが、約4000〜5000人程度はいるとみられている。

また、警視庁は2022年4月に行った組織改編で、それまでの組織犯罪対策三課と組織犯罪対策四課を集約する形で暴力団対策課を新たに設置し、その下で準暴力団についても指定暴力団とまとめて取り締まれる組織体制にした。暴力団と半グレ集団が共謀して起こす事件が増加してきたことに対し、情報収集と捜査を一体化させて対応するためである（警視庁における暴力団取り締まりの歴史については67ページのコラム参照）。

だが、ルフィ事件をはじめ、トクリュウによる凶悪事件が連続発生したことにより、警察はさらなる対応を迫られるようになる。

トクリュウのルーツは特殊詐欺

匿名・流動型犯罪グループの略称であるトクリュウを特徴付ける最大のポイントは、２０２４年３月に警察庁が示した「緩やかな結び付きで離合集散を繰り返す」集団であることだ。

前項では、半グレ集団が暴力団と比較して、明確な階層構造や規律がなく、緩やかな仲間内で形成されているのが特徴だと記したが、半グレ集団の関係性が「緩やかな仲間内」であるのに対して、トクリュウの関係性にあるのは「緩やかな結び付き」だけである。

つまり、暴力団や半グレ集団が特定の「仲間」で構成されているのに対して、トクリュウはそういった人間関係が介在していない一時的な集まりに過ぎない。

暴力団には盃事《さかずきごと》による擬似的な親子兄弟としての関係が、半グレ集団には地元の仲間や先輩後輩などの関係が組織を形成する土台としてあり、そのうえで組織の目的に応じた活動を行っているが、トクリュウの場合は、逆に犯罪行為という目的がまず初めにあってから、それを前提に緩やかな結び付きによる関係が形成されているわけである。

言い換えれば、トクリュウは犯罪行為を行うためだけに形成された、短期間のプロジェクトグループであり、関与者にはグループ自体やメンバーを守るという動機は生じない。そこにあるのは、犯罪による資金獲得と自己保身だけである。

象徴的なのは、闇バイトで集められた末端の実行役らが、互いの本名も知らないまま一緒に犯罪に手を染めたあげく、指示役から簡単に使い捨てにされることだろう。そういう意味においては、トクリュウは暴力団や半グレ集団とはまったく性質の異なる組織犯罪グループと言える。

ただし、これまで見てきたように、トクリュウの首謀者の多くは、実のところ暴力団や半グレ集団との結び付きが強い人間らで構成されているとみられる。

実際、ルフィ事件においては首謀者らが暴力団と繋がりを持ち、特殊詐欺容疑で指名手配されていたことも明らかになっている。また、繁華街で起こった店舗への強盗事件においても、実行役のリーダー格の男をＳＮＳでリクルートしたのが、現役の暴力団員であることも判明している。

こういったことからも、従来より特殊詐欺等の犯罪を繰り返してきた暴力団や半グレ集団らの一部が、自らの存在をより隠すため、ＳＮＳや匿名アプリといった新しく広まったテクノロジーを悪用し、リアル社会では接点のない人間らを闇バイトとして使うようになってきたことが、トクリュウという新たな形態を生み出したと考えることができる。本書のプロローグにおいて、トクリュウを法規制とテクノロジーに最適化した組織犯罪の中の「変異体」と記したのは、そういった背景からである。

匿名性に隠れて蠢くトクリュウ

最近まで組織犯罪対策に長年従事してきた警察ＯＢは「暴力団にしても半グレ集団にしても、関わりを持つ人間の大半については、何らかの情報が把握できていた」と語る。暴力団員や半グレの多くは、少年時代に非行を繰り返し、暴走族やチーマー、ギャングといったグループに属していたことから、少年事件を担当する生活安全部が情報を持っていた。組織犯罪対策部としても彼らが成年後に組織犯罪に関与していることが明らかになった場合は、過去に所属していたグループの人間関係も含めて、どういった犯罪組織と関わりを持っている可能性があるか洗い出すことに努めてきたからだ。

しかし、特殊詐欺が広まり始めた頃から、犯罪の首謀者と末端の実行役との間に人間関係の断絶がみられるようになり、なかなかホンボシに辿り着けなくなってきた。特に匿名アプリが若者の間で当たり前のように使われるようになってからは、その傾向がより一層強まっていると、組織犯罪の形態が大きく変化している現状に危機感を募らせる。

過去、特殊詐欺に加担したことがあるという若者が語る。

「数年前までは、特殊詐欺や投資詐欺の実行部隊である、掛け子や出し子をやる人間を集めるには、不良界隈《かいわい》の人脈を通じてカネが欲しい連中をリクルートするのが常套《じょうとう》手段でした。

かく言う自分も前に働いていた歌舞伎町のキャバクラの同僚を通じて、おいしい仕事があると言われて掛け子になったのが、特殊詐欺に関わるようになった最初のきっかけです。

一緒にやっていた周りの掛け子たちも同じように、不良の先輩だったり、仕事仲間から誘われたりして関与する連中が大半だった印象です。それが最近では、SNS経由で入ってくる人間が多いと聞いています」

さらには、ルフィ事件の捜査で海外にいた指示役が逮捕されたことを受けて、首謀者と実行役の間に入るはずの指示役ですら、闇バイトによって雇われた人間が担うケースまで出てきている。

では、トクリュウが特殊詐欺から、より凶悪な強盗へと至った背景は何か。

特殊詐欺グループや半グレ集団の事情に詳しい人物が明かす。

「2021年あたりから、特殊詐欺グループの間で、仲間割れしたメンバーや他のグループに対して、闇バイトを使って強盗をする人間が出てきた。特殊詐欺をやっている人間を半グレやヤクザが襲うって話は以前からあったけど、SNSで闇バイトを集めて、匿名アプリで指示すれば足が付かないってことで、特殊詐欺をやっている者同士が、カネを貯め込んでいることが分かっている相手を直接狙うようになった。

襲われたほうも特殊詐欺で得たカネを取られたなんて言えるわけがないから表沙汰にはなっていないけど、闇バイトによる一般宅への強盗事件が頻発していることの契機の一つだと思う」

特殊詐欺グループの一部が過激化し、より直接的に金品を奪える強盗に移行していったとの噂は、捜査関係者や事件ジャーナリストの間でも数年前から広まっていたようだ。

「しかし」と事件ジャーナリストの一人は言う。

「そういうグループがあるといった噂はあったし、コロナ禍前後から若者の間で闇バイトが流行っているという話も出ていた。だけど、どの事件を誰が指示しているのかなど、当時は取材をしても具体的なことはまったく分からなかった」

トクリュウの動向に詳しい警察関係者は、「特殊詐欺の被害額は高止まりしているものの、摘発件数は増えてきている。そんな中、匿名性に隠れて特殊詐欺を繰り返してきた首謀者の一部が、ゲーム感覚で強盗を指示するようになったのではないか」とみる。

本当の動機は容疑者本人が口にしない限り分からないが、匿名性というベールが罪の意識を薄めたことは容易に想像できる。

転機は２０１６年

２０１６年5月に発生した、全国のコンビニエンスストアにあるATMから合計約18億円の現金が一斉に引き出され、約２５０人が検挙された事件では、現金を引き出す実行役の「出し子」や、引き出された現金を集める「回収役」などに大量の若者が関わったが、これらの実行役をリクルートしたのは、全国の暴力団組員や準暴力団のメンバーたちであった。

現在も首謀者の逮捕には至っていないが、捜査によって首謀者から話を持ちかけられた複数の暴力団組員や準暴力団メンバーが、それぞれ手下などを使って、地元の素行不良者の後輩などに声を掛けさせ、出し子や回収役を集めていたことが判っている。

この一連の事件で逮捕された出し子の一人は、「地元でパチンコの打ち子をやっているグループにいたが、そのグループの先輩から案件があると誘われた」と明かす。

また、この事件の特徴としては、関与した暴力団組員や準暴力団メンバーが複数の組織にまたがっていたことが挙げられる。昔から異なる組織の組員同士が一緒にシノギ（資金獲得）をやるケースはあったものの、これほど大がかりな形で、全国の様々な組織が一つの事件に関わることは、これまでにはなかった。

筆者（櫻井裕一）は、現職の警視庁組織犯罪対策部の管理官としてこの事件の捜査に実際に関わり、指定暴力団の組員の逮捕に尽力したが、事件の全体像が明らかになるにつれ、指示役の暴力団や準暴力団の先にいるとみられる首謀者まで辿り着くのは、容易ではないなと強く感じたことを憶えている。

この事件では、出し子や回収役のグループが全国に分散していただけでなく、ＡＴＭで現金を引き出すための偽造キャッシュカードを製造する専門性の高いグループも存在するなど、役割分担も多岐にわたっていた。

また、これだけの現金を不正に引き出すことを可能にした背景には、南アフリカの銀行の顧客情報を悪用する手口を持ち込んだ、国際的な組織犯罪ネットワークと繋がりの深い人間が背後にいたはずである。その本当の首謀者の存在はまだ明らかになっていないが、この一連の構図は、組織犯罪が流動化していることを如実に表した最初の事件だったと言えるのではないだろうか。

マフィア化する不良たち

くわえて、暴力団組員の数こそ減っているものの、地下に潜った組織犯罪グループが相当増えてきているのではないかと筆者が危機感を持ったのもこの2016年頃である。

よく知られていることだが、自ら看板を掲げ、幹部がメディアに顔を堂々と出している組織犯罪集団が社会に存在している国というのは、世界でも非常に珍しい。暴力団のルーツが、江戸時代の任侠《にんきょう》組織や、第二次世界大戦後の闇市などで治安維持の一翼を担った愚連隊などにあることから、日本社会における暴力団は長らくアンタッチャブルの存在ではなかった。むしろ地域社会に溶け込んできたと言っても過言ではない。

だが、止めどなく組織が肥大化し、バブル経済の中で過激化していったことで、警察や社会の暴力団に対する目は厳しくなっていった。その結果、暴対法や暴排条例によって暴力団社会が縮小していったのはここまで記してきた通りである。

その状況と相対するように起こっているのが、素行不良者たちの「マフィア化」だ。

イタリアの代表的な組織犯罪集団であるマフィア[5]は、誰が幹部で、誰が構成員であるかを一切明かすことのない非公然組織である。法執行機関によって顔写真や名前が公表されることはあっても、自らマフィアであることを公に認めることは滅多にない。それは認めること自体が大きな罪になることの裏返しでもある。これは南米やアジアの組織犯罪集団も同様だ。

日本においても、暴力団の組員であることのデメリットが大きくなったことで、暴力団の中には、あえて組織に組み入れずに、表面上は「カタギ」として、地下で活動させるためのグループを持つところも出てきているとみられる。

また、そもそも暴力団とは一定の距離を持ちながら、独自にグループを形成して活動

5　イタリア語で「Mafia」。イタリアのシチリア島を起源とする組織犯罪集団。イタリアから米国への移民を通じて、ニューヨークやシカゴなどでも勢力を広げた。

する素行不良者たちが増加していることで、警察が把握できない限りなくクロに近いグレーゾーンに生息する者たちも相当数いるとみられる。

半グレ事情に詳しい警察関係者が言う。

「最近の半グレには、公然とＳＮＳやＹｏｕＴｕｂｅで活動している者たちも少なくありません。また、ヒップホップアーティストやラッパーとして、自らの過去の犯罪行為を売りに視聴数を稼いでいるケースもあります。

目立つために話を盛っている場合も多いでしょうが、中には実際の組織犯罪グループと通じて、大麻や違法薬物の売買、恐喝などを行っている連中がいることも判っています。そういう連中は、ＳＮＳで見せている表の顔と、裏の顔を上手く使い分けています。また、ＳＮＳを通じて、そういった連中がさらに裏で繋がっていっている様子も窺えます。

警察では、こういったＳＮＳでの影響力を持ちながら、裏で犯罪やグレーな活動に関わっている連中も、トクリュウの一部として位置付けて捜査を進めています」

マフィア化が進んでいるというのは、こういった意味においてである。

株式市場を荒らす新興仕手筋グループ

離合集散を繰り返しながら、自らの存在を隠し、株式市場で仕手戦や会社乗っ取りを行うグループも、トクリュウの一つの形態と言ってもいいだろう。

仕手戦とは、株式市場で特定の企業の株式を違法に操作して、価格を大きく変動させることで利益を得ようとする手法（仕手）が行われている状態のことで、こうした手法を使う投資集団や個人投資家のことを仕手筋と呼ぶ。株価を意図的に操作することで利益を得るため、株式市場においては「反市場的勢力」として問題視されている。

日本の株式市場における仕手筋の歴史は古く、戦後の証券市場が再開された頃からその存在が確認されているという。特に高度経済成長期からバブル経済の時代にかけて、仕手筋は証券会社や銀行と密接に関わりながら、株式市場に影響を与える存在だった。先述の通り、バブル期には、暴力団が仕手筋の背後にいることも多く、金融機関と反社会的勢力が公然と結び付いていた時代でもあった。

その後、暴対法や暴排条例によって暴力団は金融の世界から締め出され、暴力団が株式の売買に直接関与するケースはほとんどみられなくなった。また、金融商品取引法や証券取引規制が強化され、証券取引等監視委員会による、仕手筋をはじめとする不正取引に対する監視は厳しくなっている。

しかし、株式市場における反社会的勢力の影響が完全に排除されたかと言えば、そうはなっていないというのが実情だ。

バブル期のように暴力団組長が上場企業の株を大量保有することが公になるようなことはなくなったが、背後に暴力団の影のちらつく仕手筋や乗っ取り屋が、情報操作により株価を変動させ利潤を得たり、業績が低迷している時価総額の低い上場企業の株式を買い占めて「ハコ企業」化し、不正な資金調達を行ったりといった事案は現在でも数多くみられる。

ここで言うハコ企業とは、業績が振るわず、株価が低迷したことから経営権の奪取が容易になり、仕手筋などに乗っ取られた上場企業のことを指す言葉だ。仕手筋や乗っ取り屋は、まずハコ企業の株式を買い集め、経営陣に影響を与える地位を確立することを狙う。

そして、企業の経営権を掌握した後、当初からの真の目的に沿った行動を開始する。その目的とは、ハコ企業を利用した株価操作や、不正な第三者割当増資（特定の第三者に対して新株を発行することで資金を調達する方法）などによる資金調達である。当然ながら、その過程において株式市場への悪影響が及ぶことは言うまでもない。

現在の株式市場においても、そういった仕手戦や乗っ取りを繰り返す、新興仕手筋とも呼べるグループが複数存在しているのは明らかだ。

ある新興仕手筋グループに株式を買い占められ、不正な株価操縦に巻き込まれたベンチャー経営者が明かす。

「私が経営していた会社は、新しいテクノロジーに対するニーズの増加を受け、会社設立から10年経たずに株式市場に上場することができました。ただ、上場に向けてかなり野心的な事業計画を立てていたことと、海外の大手企業の日本参入が相次いだことで、あっという間に業績が悪化してしまいました。

当然、株価は大きく低迷し、元々いた機関投資家たちは、どんどん株を手放し、さらに株価が下がるという悪循環に陥ります。そんな時、新しく大株主になった投資家から、その投資家が持つ他の企業と事業提携を結ばないかと持ちかけられました。

その企業のビジネスモデルは当時流行し始めていたものでしたし、本業が低迷したことで、なんとか新しい事業を作ろうとしていた時期だったこともあって、私はその提案を受けることにしました。

しかし、提携が正式に締結されると、その企業の経営者の態度は一変します。それまで一緒に進めようと話し合ってきたプランに対して、様々な理由をつけて実行を妨げようとするのです。

そして、提携がＩＲとして発表されたことで、私の会社の株価は一時的に上昇したのですが、その間に大株主になっていた先の投資家は、全ての株を売り抜けていたのです。私は、その時になって初めて、株価操作のために会社が利用されたことを理解しました。自ら育てた会社をなんとか守ろうと必死になっていたあまり、目の前に現れた話を疑う勇気を持てず、自分に言い聞かせるようにして信じてしまっていたのだと思います」

その後、そのベンチャー企業は、ＩＲ発表と事業実態に大きな乖離《かいり》が生じていることや不祥事が次々に明らかになったことで、株価はさらに低迷し、株式市場からの退場を余儀なくされるが、話はそこにとどまらない。その新興仕手グループの裏には、買収のための資金を提供し、最終的に多額の利益を上げた、暴力団の存在も見え隠れしているからだ。

その新興仕手グループに詳しい事情通が言う。

「そのグループは暴力団系の資金だけでなく、金融ゴロや半グレなどにも声を掛け、大きな資金を動かすことで、株式市場の小型株を使った株価操縦や、怪しい資金調達によってかなりの利益を得ているとみられています。ただし、常に同じグループ構成というわけではなく、案件によってメンバーは流動的に組み変わっています」

株式市場に目を光らせる金融庁関係者は、「スタンダード市場やグロース市場において、株価が低迷している企業や、経営陣が何らかの問題を抱えている企業をターゲットに、経営に影響を及ぼすことを狙っているグループがいることには警戒を強めています。ただ、一方でそういったグループには、金融ルールに詳しい証券会社の出身者や、素行の悪い弁護士なども加わっているため、そう簡単に尻尾を出さないという実態があります。監視側としても、そういった勢力に対するより一層の情報収集が求められていると実感しています」と危機感を表す。

本来、株式市場は企業の実績や将来性に基づいて価格が形成されるべきであり、仕手筋等の存在により不自然な株価変動が生じることは、株式市場の健全性を大きく損なう問題である。新興仕手筋グループやハコ企業の存在は、投資家保護の観点からも無視できない話であり、トクリュウの収益源になっているという面においても、早期の実態解明が求められる。

ケツモチはヤクザという闇社会の暗黙知

「それでもケツモチを担えるのはヤクザだけです」

暴力団関係者の男は、半グレ集団やトクリュウがどれだけ台頭してきても、最後の最後には暴力団による力の裁定が物を言うと力説する。

「たしかに暴排条例の制定が進んで以降、ヤクザに代わって半グレ集団やトクリュウと呼ばれる連中が上手にシノギを行っているのは事実です。そういった連中が最新のテクノロジーを熟知しているのも、カネを持っているのも、また事実でしょう。

でも、だからこそ、暴力団はそういった連中を生かさず殺さずに使おうとしている。ヤクザが最も恐れているのは実のところ警察に捕まることだからです。

暴力団に対する警察の締付けが強くなったことや、裁判による判決が厳しくなったことで、ヤクザは捕まることを極端に避けるようになりました。鉄砲玉として敵対組織にカチコミを掛けて、出所後に幹部として迎えられるといった武勇伝は、今は昔のこと。

現在においては、どれだけ自らが直接的な関与をせず、多くの収益を得られるかが賢いヤクザの行動原理になっています。

そのため、ヤクザにとっては金稼ぎの上手い半グレやトクリュウたちは、自分たちの得意分野である暴力装置を使って守るに値する存在とも言えるのです。盃事といった明確な関係性を持たない、半グレやトクリュウを資金源としても、捜査対象として結び付きにくいという考えもあります。

とはいえ、自らが資金源としている半グレやトクリュウが他の犯罪組織から狙われ、潰されるような事態になっては困るため、うっすらとケツモチとしてヤクザが存在していることを匂わせる必要もある。

ヤクザとしては、半グレやトクリュウとの関係性を表立って示すことには捜査上のデメリットしかありませんが、闇社会においてはある程度知らしめておく必要があるという、微妙なバランスがあるのです。

一方で、半グレやトクリュウの中核にいる連中にしてみれば、暴力団にがっちり組み込まれたくはないし、巨大な犯罪組織である暴力団と対峙《たいじ》できるだけの実力が自分たちにないとも理解している。それならば、一層のことカネを払って守ってもらうほうが得策だという考えが働くのです。

もちろん、そういった関係性が保たれている背景には、暴力団員と半グレやトクリュウの首謀者らの間に、地元の先輩後輩といった関係があるからでもあります。この持ちつ持たれつの関係はこの先も変わらないでしょう」

この点については、警察関係者の見解にも近いものがある。

「暴力団構成員の数は相当減ってきているし、高齢化も進んでいるが、中長期的に組織を維持していくための論理と体力を持っているという意味において、やはりヤクザが組織犯罪における最大の勢力であることには変わりない。

実際、若い頃に半グレとして活動していた連中の中にも、歳を重ねるうちに組に入るものが少なくない。つまり、いつまでも自分たちだけで闇社会を生きていくのは難しいということだろう。今トクリュウと呼ばれている連中も、ヤクザが裏にいるから活動できている面も多分にあるはずだ」

つまるところ、組織犯罪の頂点にいるのは、今も昔もヤクザ組織である暴力団であることに変わりはないとの見方は根強い。そのため、トクリュウ捜査において、警察が最大の使命としているのも、背後にいる暴力団まで辿り着くことなのである。

コラム

「マル暴」こと捜査四課の移り変わり

櫻井裕一

私は、1977年に警視庁に入庁してから2018年に定年退職するまで、一貫して暴力団を取り締まる組織犯罪対策の刑事でした。テレビなどで「マル暴デカ」などと言われる刑事のことですが、実のところ入庁から退官までずっとマル暴を担当する警察官はそう多くありません。

しかし、幸か不幸か、私の警察官人生はマル暴一筋と言えるものでした。本書の舞台の一つでもある新宿歌舞伎町とは、1970年代の後半に首都を管轄する警視庁本部の機動捜査隊の巡査刑事として足を踏み入れて以来の付き合いです。

また、2014年から2016年にかけては、新宿署の組織犯罪対策課長として、2016年から退官までは、警視庁本部の組織犯罪対策部組織犯罪対策第四課の管理官として、

歌舞伎町で起こる様々な組織犯罪に対峙しました。

余談ですが、マル暴デカとして、そんなふうに新宿と長い付き合いだったこともあり、退官後に起業した危機管理とリスクマネジメントの会社（エスチーム・リサーチ・アンド・コンサルティング）も、歌舞伎町に近い新宿の一角に事務所を構えています。

現在の警視庁組織犯罪対策部暴力団対策課（長年にわたって「捜査四課」「組対四課」と通称されてきた）というのは、日本における暴力団対策を担う特殊な部署として長い歴史を持ち、その活動は時代とともに変遷してきました。

警察における暴力団対策には、「人」「モノ」「金」を三本柱とした哲学ともいえる基本理念があります。これは、暴力団構成員（人）を逮捕し、けん銃等の凶器（モノ）を押収し、資金源（金）を圧するという、暴力団の取り締まりに対する考え方を示したものです。

暴力団対策課の源流である捜査四課は、戦後の混乱期において暴力団の急増とともに設立され、以降、暴力団対策の中心的役割を担ってきました。特に、1960年代から1980年代にかけては、暴力団の組織化が進み、各組織が勢力拡大を目指して、血で血を洗う抗争事件を繰り返した時代です。市街地においても対立抗争が激しくなり、暴力団員が

暴力団組員宅で、組員の関係者に捜査差押許可状を示す筆者

容疑者を移送する筆者

発射したけん銃の流れ弾で一般人が死亡するといった、市民を巻き込む事件も頻繁に発生しました。

私が入庁したのは、そんな時代の真っ只中で、今思い返すととんでもなく無秩序な時代でした。ヤクザだけでなく、サラリーマンたちもバブル経済に浮かれており、繁華街ではトラブルが絶えなかった時代でもあります。私たちの世代のマル暴デカたちは、歌舞伎町を大きな顔で闊歩《かっぽ》するヤクザに対抗するため、自分たちも髪の毛にパンチパーマを当て、派手なダブルのスーツを着込んで対峙したものです。

さすがに今では、そんな格好をしたマル暴デカをみかけることは少なくなりましたが、それでもテレビなどで暴力団事務所に警察がガサ入れを行う映像などには、大声で怒鳴る強面の警察官の姿がたびたび映っているので、どっちがヤクザか分からないなんて冗談交じりの反応もよく聞こえてきます。ただ、経験から言わせていただくと、こういう格好や態度は、暴力団に対峙するうえで、気合い負けしないというマル暴デカの意気込みゆえなんです。

1980年代に入ると、暴力団組織の勢力拡大と比例するように、総会屋が株式市場で暗躍する時代になります。企業の定時株主総会に総会屋が参加し、大暴れする事態が数多く発生したことで、一部の企業が定時株主総会を平穏に終わらせるために、事前に総会屋に対して企業献金と称する利益供与を行うようになります。

当然、総会屋は経済ヤクザと呼ばれる暴力団組織と繋がりを持っていましたから、企業からの利益供与が、暴力団組織の新たな資金源となるという悪い循環が生まれます。そのため、当時の政府は、1981年には商法を改正し、企業と総会屋の付き合いを断ち切ることを図り、その裏では捜査四課が株主総会対策と総会屋の取り締まりを強化するようになります。私も部下を引き連れて、何度も株主総会に臨場したものです。

1990年代に入ると、バブル経済の崩壊とともに、暴力団の勢力も変化してきます。バブル期に大きな資金を手にした組織を中心に業界の統合が進み、より大きな力を持つ組織に収斂《しゅうれん》していったのです。国は拡大を抑えるため、1992年に新たに暴力団対策法を施行し、警視庁も刑事部暴力団対策課を新たに設置するなどの体制強化を行います。この暴力団対策法の施行によって、全国で活動していた24のヤクザ組織が「指定暴力団」と認定されることにもなります。さらに、1999年には、対立抗争を繰り返す指定暴力団組織に対し、事務所使用制限命令が初めて発出されるなどしています。

２００2年、世の中を震撼させる暴力団組織による凶悪事件が発生します。世に知られる「日本医科大学病院内におけるけん銃発砲殺人事件」で、一般市民が多く出入りしている大学病院内で、暴力団幹部が入院中にけん銃にて殺害されるという未曽有のものでした。

その事件発生時、私は病院を管轄する駒込署に勤務しており、当日は宿直中でした。本部からの無線連絡を受けて、すっとんで病院に駆けつけたのですが、病院の周りには、撃たれた幹部の組織のヤクザなどが大勢集まってきて大騒ぎになりました。当然、病院には大勢の患者が入院していて、皆さん非常に不安がっていましたから、とにかく私は当時の相方と二人で、何百人と集まっていたヤクザたちを追い返すのに必死でした。

その追い返しの騒動の中の、あるヤクザ組長との会話から、この事件は内部犯行ではないか、という直感を私は得ます。これだけ凶悪な事件の捜査ですから、四課にとっても威信をかけたものでした。仲間と一緒に私も必死になって、地道な捜査と関係者への徹底的な取り調べを繰り返す日々を過ごしました。

そして、発生から1年余の捜査期間を費やし、２００3年9月に殺害事件の容疑者として、私の直感通り、被害者の所属組織の人間の逮捕に至ります。ちなみに、その当時の相方というのは、今一緒に会社をやっているメンバーの一人で、そう考えると本当に長い付き合いになったものです。

この事件捜査の間の2003年には、警視庁の組織犯罪対策部門に大々的な組織変更が行われています。組織犯罪対策部が新設され、刑事部とは別に組織犯罪を集中して取り締まるための部署が生まれたのです。これに伴い、それまでの「捜査四課」は「組対四課」へ、「暴力団対策課」は「組対三課」へと組織編制がされました。

この時代に私が捜査したもので、特に記憶に残っているのは、元総会屋や暴力団組員らが民間企業に度重なる因縁をつけて恐喝を繰り返していた事件や、暴力団幹部が仕切る公共事業の工事入札に係る談合事件、暴力団組長と信用金庫理事長らが組んだ背任事件、暴力団組長らによる地方税法違反、暴力団幹部による生活保護費不正受給詐欺などです。

私が退官した後の2020年代に入ると、新たに台頭してきた半グレ集団への対応を強化するため、警視庁では新たな再編も進められました。2022年には「組対三課」と「組対四課」が統合され、暴力団だけでなく、より多様な犯罪グループにも対応できるような組織体制に変わりました。

この背景には、暴力団の資金源が弱まり、新たな人材の確保が難しくなっている一方で、半グレ集団が特殊詐欺や違法薬物の販売などで勢力を拡大していることがあります。また、

本書のテーマである、匿名・流動型犯罪グループの実態解明を進めるため、警視庁組織犯罪対策部暴力団対策課に新たな専属班が置かれるようにもなりました。
　このように、警察の組織犯罪対策部門は、設立以来、時代の変化に応じてその役割や構造を変えてきた歴史があります。暴力団対策の象徴でもあった「四課」の文字が消えてしまったことには、個人的な寂しさがありますが、「人」「モノ」「金」を基本理念に、組織犯罪に真っ向から対抗するという矜持《きょうじ》は、組織体制が移り変わっても、現場の捜査員の中には変わらず残っていることだと思います。
　本書でも述べるサイバー犯罪への対応など、捜査員にはますます広い知識が求められる時代になっていますが、社会の安心安全のため、精一杯頑張っていただきたいものです。

第3章　歌舞伎町に流れ込む匿名マネー

繁華街におけるトクリュウの活動実態

東京・新宿にある歌舞伎町は、戦後の闇市の時代から、犯罪組織の活動と密接に結び付いてきた日本最大の繁華街である。

歌舞伎町には約4900軒の飲食店、約200軒のキャバクラ、約300軒のホストクラブ、約200軒の風俗店があると言われ、それ以外にも様々な遊興施設が軒《のき》を連ねている。

以前に比べると治安は大幅に改善してきたと言えるが、それでも歌舞伎町における110番の数は、1分当たり約6件と全国でも突出した件数だ。夜から明け方にかけて、喧嘩、ぼったくり、窃盗などに関する通報が止むことはなく、街なかでは常に制服を着た警察官が走り回っている様子が見られる。歌舞伎町2丁目にある歌舞伎町交番には、常駐している警察官の数が15人と、やはり全国で最も多い人員が割かれている。

また、歌舞伎町の周辺には、およそ80の暴力団事務所があり、組員を住まわせる部屋などを含めると、100箇所以上の関連施設があるとみられる。

歌舞伎町は、面積で表すと約0・3平方キロメートルしかない。その狭い場所に、これほどの数の暴力団がいるということは、それだけ「シノギ」のネタが存在している事実の裏返しだとも言える。それゆえ、歌舞伎町で非合法活動を行っているのは、暴力団だけではなく、半グレ集団や不良外国人グループなど幅広い。

そして、近年においては、トクリュウによる資金獲得活動が繁華街で活発化していると警察はみており、重点的に取り締まる方針を打ち出している。中でも、警察が特に注視しているのが、ホストクラブ業界がトクリュウの新たな資金源になっているのではないかという問題である。

歌舞伎町交番

歌舞伎町の事情に詳しいホストクラブの経営者が言う。

「ルフィ事件の頃から、歌舞伎町のホストクラブの一部に、トクリュウを首謀している人間が、実質的なオーナーになっている店があると、ホスト経営者の間で噂が流れた」

実際どのホストクラブがトクリュウと関わりを持っているかまでは判然としないが、いくつかの店が、特殊詐欺や強盗に関わっているグループと繋がりがあるとの噂については、警察関係者の間でも認識されているという。

そうした風評は、ホストクラブにおける売掛（売掛金）が大きな社会問題となっていることと無関係ではない。

ホストクラブと売掛金

売掛金とは、ホストクラブに遊びに来た客が店で発生させた飲食代やサービス料金を、後日に支払う形で借金のように残しておく制度のことである。ホストの世界においては業界の慣習であり、次の理由により多くのホストクラブで利用されてきた。

最も大きな理由は、客に高額な利用を促進するためである。客がその場で支払えない場合でも、高額なシャンパンやボトルを後払いで購入できる仕組みを提供することで、担当するホストの売り上げを増やせるからだ。

もう一つは、客とホストとの継続的な関係構築にもなるためである。売掛を残すことで、客とホストの関係性がより強固になり、コミュニケーションの深まりや、再び店に来てもらうための動機付けにもなりやすい。

しかし、ニュースなどでも様々な報道がされている通り、多額の売掛を背負わされた女性たちが、返済のために風俗店で働かされたり、売春などをさせられたりする実態が次々と明らかになっている。悪質ホストクラブによる売掛は、今や政府が直接対策に乗り出すほどの大きな社会問題である。

こうした事態を問題視した警察庁は、2023年11月に、全国警察に対して、売掛金を巡る違法行為の取り締まりを強化する方針を通達。路上における客引きや、法律や条例を無視した深夜営業といった問題の解消も含め、全国規模で一斉にホストクラブへの立ち入りを行うなど、これまでより大幅に厳しい姿勢を取るようになった。

なお、その立ち入りの際には、風営法を管轄する生活安全部門だけでなく、反社会的勢力に対する捜査を行う組織犯罪対策部門が同行する様子もみられた。これは、警察庁が悪質なホストクラブの背後で、暴力団や半グレ、トクリュウが資金獲得活動を行っていると睨《にら》んでいるためである。

警察による取り締まり強化や、世間からの大きな非難を受け、歌舞伎町の大手ホストクラブ・グループは業界の健全化を目指す団体「日本ホストクラブ健全化推進協議会」を2024年8月に発足。

売掛金を全面的に廃止すること、20歳未満の新規客の入店を禁止すること、従業員（ホスト）が性風俗店の仕事を斡旋するスカウトと接触することを禁止することなど、従来の業界慣習を大きく転換する方針を打ち出した。

だが、前出のホストクラブ経営者は、業界の対応に厳しい見方を示す。

「売掛のある客に対して、性風俗店での勤務を斡旋することなどは、大手ホストクラブ・グループはどこも建前では以前より禁止してきました。ただ、ホストが客とどんなコミュニケーションを取っているかまで関知しようという経営元もありません。事実上は黙認していたというのが正確なところです。

社会問題化したことで焦った歌舞伎町のホストクラブは、表面上は売掛禁止を謳《うた》うようになりましたが、本当に完全禁止にしているかが疑わしい店も多々あります。ホストクラブがこれまでの売り上げ水準を維持しようとするなら、呼び方が『売掛』から変わるだけで、本質的な問題は簡単にはなくならないと思います。

実際、店がお客からの売掛を受け付けない代わりに、ホストが個人的に立て替えるという体裁にしているだけのグループがあるという話も耳にしますし、健全化のための業界団体に加盟していない店も沢山あるので、正直なところ、それほど実態は変わっていないと感じています。

ほとぼりが冷めるまで二枚舌で乗りきればいいと考えているホストクラブが多いようだと、業界に対する厳しい規制が定められる可能性もあり、非常に懸念しています」

グレーな問題を抱えるホストクラブ

別の歌舞伎町のホストクラブの現役幹部の一人は、売掛廃止の動きが広まる前の状況について、こう説明する。

「ホストクラブに遊びに来る女の子たちの一部には、店に売掛が残っていることをある種のステータスとしているような感覚もありました。だから、何度か支払えている実績があれば、いつもより少し高いシャンパンなどを入れてもらう代わりに、今日は売掛で大丈夫だからと、こちらから話を持って行くことは当たり前に行われていました。

女の子としては、売掛ができるのは、担当ホストに信用されている証しだと感じられる行為でもあるので、そんなに大きな金額でなければ、まあ少しくらいならと乗りますし、担当ホストにとってもその日の売り上げと、今後の継続的な来店に繋げられる手段でもあるので、この時点ではウィン・ウィンと言えます。

ただ、実際には売掛をどういったバランスで回収するかは非常に難しく、期間が長くなるほどトラブルに発展しやすいです。

ホストの世界は売り上げによるランキングで評価と給与が決まるので、担当ホストとしては、短期的には女の子に売掛してもらってでも毎月の売上金額を伸ばそうとします。客である女の子も推しのホストを助けようと、売掛で高価なシャンパンを入れたりしますが、ほとんどの場合は女の子が元々お金を持っているわけではありません。売掛を払うために、より多くの稼ぎを得ようという循環になります。

担当ホストとしても、売り上げを作れた瞬間はよくても、売掛を支払ってもらえなければ、最終的には自分で負担しないといけなくなるので、金額が大きくなれば回収に躍起になるケースも出てきます。

そのため、店やグループによっては、月間の売り上げのうち、売掛にできる金額を何割までと決めているところもあります。うちのグループはトラブルを避けるため、廃止前でも売り上げの1割までしか売掛を認めていませんでしたが、当時の有名店の中には売掛回収率が5割程度というところもあったと聞いています」

こうした構図が背景にあるため、ホストクラブで支払い能力を超えた消費をし、多額の負債を抱え込むという問題は昔から後を絶たない。

誤解を恐れずに記せば、そもそもお金を持たない若い女性に対して、支払い能力以上の多額な消費をさせることが、今の大多数のホストクラブのビジネスモデルの核になっているのではないだろうか。そうであれば、どれくらい売掛を作るかの基準を、顧客の与信や担保の有無ではなく、その相手が「どれくらい性的に稼げそうか」で判断するホストが出てくるのも当然だろう。

前出のホストクラブ現役幹部が続ける。

「ホスト業界における一般論で言いますと、売掛のある客の女の子が、大学生やフリーター、一般企業勤めの場合でしたら、まずはガールズバーやキャバクラなどの水商売の仕事を勧めることが多いと思います。もし、客の女の子がすでに水商売をしているなら、風俗店やアダルト動画への出演をそれとなく勧める形になります。

要するに、時間あたりの単価が少しでも高くなる仕事を勧めたいという動機がホスト側にはあるわけですが、一方で、女の子側からしたら、時間単価の高い仕事の多くは、精神的にも肉体的にもハードルが高くなります。

そういうわけで、女の子の状況を見ながら、いかに時間単価の高い仕事にステップアップさせていけるかが、売れるホストになるために必要な技術みたいな風潮があるのは確かです」

実際、多くのホストたちが、売掛が溜まってきた客に対して、次第により稼げる仕事に就いてもらいたいと望んでいるのが本音だと、本書の取材に答えている。

ただ、望んでいることと、主体的に違法な斡旋を行うことはまったく別の話だ。その一線を越えることは、当然ながら警察の摘発対象になる。

先に日本ホストクラブ健全化推進協議会が、ホストクラブの従業員が風俗店の仕事を斡旋するスカウト事業者と接触することを禁止する方針を打ち出したと記したが、ホストが客により稼ぎのいい仕事に就いてもらおうと考えた場合、一番手っ取り早い方法は、キャバクラや性風俗店などの仕事を斡旋するスカウトを紹介することだ。

スカウトとは、水商売や風俗店で働く女性（場合によっては男性）を探し、店舗へと紹介することでスカウトバック（手数料）を稼ぐ事業者を指す。水商売や風俗店では、従業員の離職率が高い傾向にあるため、人材確保のために通常の求人とは別に、スカウトに頼っている店舗は数多い。また、スカウトの中には、アダルト動画業界（ＡＶ業界）への斡旋を同時に行っているところも存在する。

一方で、繁華街や駅周辺などにおける声掛けなどの迷惑行為や、未成年の斡旋などスカウト業界が抱える問題は多い。過去には、歌舞伎町を中心に東京の繁華街で数百人規模のスカウトマンを抱えたグループが、売春斡旋や暴力団との繋がりを問題視した警視庁によって解体に追い込まれたケースもある。

そのため、繁華街を管轄する警察関係者も「半グレやトクリュウとの繋がりを持たないスカウトグループはいないとみているほどだ」と明かす。

多くのホストクラブが入居する歌舞伎町の雑居ビル（本文で言及するホストクラブとは関係がありません）

ただし、風俗店への斡旋行為は、職業安定法で規制されているものの、ホストやスカウトに対して店側がスカウトバックを支払うことを取り締まる規定が現在はないため、よほど悪質な行為でない限り野放し状態になってきたのがこれまでの実態だ。そこで現在、警察庁において、店側がホストやスカウトにスカウトバックを支払うこと自体を規制する方向で検討が進んでいる模様である。

前出の警察関係者も「スカウトバックに対する規制強化は、半グレやトクリュウの資金源を断つ意味でも有効な手段になる」と力を込める。

売掛がトクリュウの資金源に

本章冒頭のホストクラブ経営者が嘆息する。

「売掛問題が社会問題化しているのにもかかわらず、平気で売春や風俗での仕事を斡旋するホストが後を絶たないのは、今の若い世代のホストたちが法律や世間の目を軽くみているからだと思います。

歌舞伎町で長くホスト業界にいる人間たちは、2000年代に同じように売春斡旋の問題で、いくつものホストクラブやスカウトグループが警察によって壊滅させられた歴史を知っています。

だから、この十数年は、どのホストクラブも暴排条例や違法な職業斡旋、脱税といったそれまで業界に蔓延《まんえん》していた問題の解消に、ある程度は取り組んできました。

しかし、コロナ禍における自粛要請に応じない営業が当たり前になったことを契機に、業界全体のタガが一気に緩み、売春斡旋や違法薬物の使用を何とも思わないようなホストが増えてきてしまった。

その大きな要因としては、まずコロナ禍を境にホスト業界全体に流れる金額が増加したことがあります。

コロナ禍の当初はウイルスの蔓延地として歌舞伎町が叩かれ、ホストも営業自粛を余儀なくされました。ただ、それも一時的な話で、使い道のなくなった人たちのおカネが歌舞伎町をはじめとする繁華街に大量に流れ込む現象が起きると、ホスト業界も空前のバブル期を迎えることになります。それによって、とにかく何でもカネに変えることが是とされる風潮が広まった感があります。

もう一つはＳＮＳの存在です。ホスト業界の変遷を大まかに言えば、１９９０年代は資産家や社長夫人、銀座や六本木のクラブママが主な客層、２０００年代に入ってからは若いキャバクラ嬢や風俗嬢たちが主な客層でした。

それがＳＮＳの普及とともに、ホストを『推し活』の対象とする客層が増えてくるようになります。言うなれば、お店に行けば会えるアイドルとしてホストを捉える女性たちが新たな客層になったわけです。それに伴い、ホストの集客方法も圧倒的にＳＮＳがメインとなっています。

ただ、そういった客層の中には、夜の世界で遊び慣れていない女性たちも多い。彼女たちは、支払い能力以上に売掛を作ってしまい、結果ホストの言いなりとなって売春行為や風俗勤務、アダルト動画への出演を受け入れてしまう傾向があります。

そして、法律を軽視している一部のホストは、そういう女性たちから売掛を回収するために、簡単に違法な斡旋を行うスカウトグループに頼ってしまう。そうすると、その違法な市場が拡大し、参入してくる不良も増える。それが今、警察が問題視しているホストとトクリュウの繋がりの実像だと思います」

また、客の中にはホスト側の思い通りにならず、連絡を絶って売掛を支払わなくなるケースも出てくる。そうなると、自らで肩代わりすることを嫌うホストの一部は、より過激な取り立ての方法に傾くようになる。

売掛金の回収を目的に、悪質なホストやホストクラブが、違法な職業斡旋や取り立てを得意とする、半グレやトクリュウを頼る余地が生じてくるのである。

前出とは別のホストクラブ現役幹部が振り返る。

「ホストクラブの経営者や店に対して、売掛の回収を代行しますと営業してくる業者も時々います。あるところは自分たちのことを債権回収代行って名乗っていまして、回収見込みが立たなくなった売掛を抱えたホストがいたら紹介してほしいって言われました。うちは無理な回収はしないので、そういう業者に依頼することはありませんでしたけど、その人間曰《いわ》く、すでにいくつかの店とは契約してるという触れ込みでした。素性までは分かりませんが、普通の会社という感じではなかったですね」

さらには、好景気に沸くホストクラブ業界が〝儲かるビジネス〟だと考えた半グレやトクリュウの一部の人間が、出資などを通じて直接的にホストクラブの経営に関与するようにもなっていったものと考えられる。

ダイヤルＱ２以降の売買春

戦後長い間、水商売や性産業といえば暴力団の資金源であった。飲み屋や風俗店、案内所からのみかじめ料、管理売春、アダルトビデオの製造・流通、テレクラやダイヤルＱ２の宣伝ビラに対するショバ代の取り立てなど、性にまつわる古くからのビジネスは、例外なく「ヤクザのシノギ」だったと言える。

ちなみに、テレクラとは、１９８０年代から１９９０年代にかけて一世を風靡《ふうび》した

「テレホンクラブ」のことで、男性と女性が電話を通じて手軽に出会う場を提供するサービスのことである。

男性は店舗の個室に設置された電話から、女性は公衆電話や自宅の固定電話から店舗に電話をかけ、両者がマッチングされる仕組みだ。女性は基本的に無料で利用でき、男性は30分数千円程度を支払うのが相場であった。

当時の若者文化や出会いの形を象徴する存在でもあったが、テレクラを通じて知り合った相手とのトラブルや、女性を対象とした犯罪が急増。また、店側による詐欺だけでなく、女性が出会いを装って男性から金銭を詐取する詐欺や、未成年による援助交際の蔓延にも繋がるなどした。

ダイヤルQ2も、同じく1990年代に広まった電話サービスである。NTTが、固定電話を使った情報提供サービスとして1989年に提供を開始したもので、利用者は特定の番号に電話をかけることで、録音された音声メッセージやライブ通話を通じて、占い、天気予報、音楽リクエストなど様々なコンテンツを楽しむことができる課金形式のサービスだ。

特に人気が高かったのが、異性との通話ができる、今で言うライブチャット型サービスで、こちらも男女の出会いの場として人気を博したが、次第に売買春の温床としてテレクラと同様に社会問題化していった。

どちらのサービスも、社会問題化したことによる警察の摘発増加と行政の規制強化、またインターネットの登場によって、異性との出会いがより簡単に行えるようになったことで、1990年代の後半には姿を消すようになる。

当時、どれだけ暴力団が性産業を細かく管理していたかを表すエピソードを一つ記すと、その頃はまだ街中にあった電話ボックスに貼られたテレクラやダイヤルQ2の宣伝ビラを、その地域をシマにする暴力団の組員が一枚一枚数えて、その枚数に応じたショバ代を業者から取り立てていたほどである。

たとえば、歌舞伎町においては、駅前から歌舞伎町一番街やセントラルロードにある電話ボックスの場合は一枚当たり5000円、少し離れた西武新宿線・新宿駅の場合は4000円、もっと離れたラブホテル街を抜けた東新宿駅周辺は3000円といった具合に、電話ボックスがある場所の集客力によって、ショバ代に差を付けて取っていた時代があった。2000年代初頭くらいまでは、自転車に乗った暴力団組員が電話ボックスを回っている様子がよく見られた。

その構造が大きく変わったのは、第2章で見てきた通り、暴排条例の影響によるものだ。性産業から暴力団の影が薄れる一方で、その隙間を埋めるようになったのが半グレ集団だった。それまでの暴力団による直接支配から、半グレ集団をワンクッションとして置く形が広まったのは、2000年代半ばからの傾向と言える。

そして現在、より実態の見えにくいトクリュウとされるグループが、性産業においても存在感を示すようになってきたわけである。

歌舞伎町の事情通が言う。

「今の若いホストたちは、ヤクザに対する恐怖心が薄い。昔の歌舞伎町は、ヤクザが何もかも仕切っていて、ホストクラブもその影響下にあった。

どの店もみかじめ料を払うのは当然だったし、店と店の揉《も》め事があれば、すぐにヤクザが出ていった。だから、ホストたちはヤクザを怖いと思っていたし、女絡みなんかで実際に痛い目に遭わされた人間だって少なくない。

それが、暴排条例以降は、歌舞伎町でも表立ってホストクラブに介入するヤクザはいなくなった。だから、ホストクラブとヤクザの間の距離は遠くなったし、ホストたちもヤクザは無関係の存在だって感覚になっている。

だけどその分、今の若いホストたちの一部は、気軽に違法行為に手を染める傾向がある。それは売春の強要や、大麻や違法ドラッグの使用や客への譲渡だ。今はかつてないほどホスト業界で違法ドラッグが蔓延していると言ってもいい。昔だったら、そんなことをしているホストは、ヤクザに食い物にされるのがオチだったが、今はそれがない。

ヤクザからしたら、歌舞伎町で下手に揉め事を起こしたらすぐに通報されてパクられるのは目に見えているし、これだけ監視カメラが多くなっては、身動きを取りづらいというのが実情だ。

一方で、今のホストはSNSが主戦場だから、歌舞伎町の街なかで活動することが減った。だから、ホストと不良連中が接点を持つのは、必然的にカネを目的にしたやり取りばかりになってきたわけだ。

それで、特定のヤクザをケツモチにするホストクラブがなくなった代わりに、一部の悪質なところは、売掛の回収を目的に、今で言うトクリュウみたいな連中に頼るようになった。彼らは代紋で商売しているわけじゃないから、付き合っていても繋がりは見えにくいし、やり取りも匿名アプリを使えば足が付きにくいから、まさに軽いノリで付き合っているという感じがする。

そんなふうに、何に対しても罪の意識が薄い感じだから、客の女の子を『たちんぼ』に平気で立たせるホストが増えたんだと思う」

２０２４年12月19日、警察庁は悪質なホストクラブに対する規制強化に向けた検討を行うための有識者会議での議論を経て、風俗営業法の改正原案をまとめた。その案には、ホストが売春や風俗店での勤務を示唆したり、嘘の説明や恋愛感情を利用したりした高額請求などに対する禁止条項が盛り込まれた。

有識者会議の設置の背景については、２０２４年６月28日にＮＨＫが「ホストクラブめぐる問題　法整備含めた規制あり方検討へ　警察庁」[6]と題して次のように報じている。

> 客の女性を性風俗店に紹介したり、売春させようとしたりして検挙されたホストは去年1年間で39人に上り、ことしも先月までに24人が検挙されています。
> また全国の延べ７２９店舗に警察が立ち入りを実施した結果、料金表を掲示していなかったり、未成年を店に立ち入らせたりといった法令違反が確認され、店が営業停止などの行政処分を受けたケースが２０３件に上りました。

このような状況から、「ホストクラブを直接的に規制するための風営法の改正が行われる可能性は高い」（複数の関係者筋）とみられる。恐らく、本書が発刊される頃には、規制強化の方針が固まっているはずだ。

大久保公園とパパ活が売春の温床に

ホストを巡る売春問題でたびたび取り上げられるのが、歌舞伎町の繁華街の裏手に位置する大久保公園エリアに、数多くの売春目的の女性が立ち並んでいる様子である。その様はテレビやＹｏｕＴｕｂｅなどでも多数流れているので目にされたことのある読者もいるだろう。

実は、元々大久保公園エリアは、昔から売春の客を待つ女性たちが立ち並ぶ、いわゆる「たちんぼ」地区として知られてきたところである。

だが、このエリアも、ここ数年で様相が変わってきている。警察関係者が言う。

6　ＮＨＫ：ホストクラブめぐる問題　法整備含めた規制あり方検討へ　警察庁
https://www3.nhk.or.jp/news/html/20240628/k10014494491000.html

「以前なら、この辺りは地元のヤクザのシマになっていて、買春の客を待って立っている女性たちの間を組員が集金して回っていた。それこそ、一人あたり2000円とか3000円程度だが、毎日数十人から取り立てるので、シマを持っている組にとっては結構な金額のシノギになっていたはずだ。

日本人女性のほかは、中国や韓国、東南アジア、ロシアの子なんかも多かった。当然ながら、そのほとんどは、ヤクザや外国人マフィアなどの組織を介して、その場所に立つことを許されて商売していた形だ。

だけど、最近ではそういう光景も変わってきた。取り立てがいなくなったのは、もちろん警察の暴力団に対する締付けが成果を上げたからだと言えるのだが、代わりにホストクラブに行く前に売春でカネを稼いで行こうっていう若い日本人女性が、自由に集まってくるところになっている」

警視庁保安課は2024年12月、大久保公園周辺における売春防止法違反（客待ち）容疑で、1月から11月の間に女性88人を逮捕したと発表した。警視庁の資料発表によると、売春の動機として「ホストやメンズ地下アイドルに使うため」との回答が31％と最多であったという。次に「趣味など」が19％、「生活困窮」が13％となっている。

逮捕女性の年齢は、10代が2％、20～24歳が53％、25～29歳が30％、30代以上が15％である。同月4日の時事通信の報道によると「最年少は16歳で、同課幹部は『去年と比べて低年齢化が進んでいる』と指摘。同公園周辺がSNSでたびたび取り上げられることが背景にあるとみている」[7]（引用）という。

SNSもまた、売春における現代特有の問題を生み出している。

今のホスト業界の好景気について、複数のホストクラブ経営者らが口を揃える。

「ホスト業界の売り上げが増えたのは、女性が稼ぐ手段が多様化したことが大きい。特にこの数年で増えたのが、パパ活で稼いでいるという女性たちです。キャバクラや風俗店に比べ、気軽にできるイメージがあるのでしょう。また、水商売や風俗店で働く女性たちが、仕事の合間にパパ活をしていることも多い」

なお、パパ活とは、近年、若者を中心に広がっている、特にSNSを通じて行われる金銭的支援を目的とした異性間の交際のことを指す言葉だ。

7　時事通信：売春の客待ち女性88人逮捕　進む低年齢化、警戒強化――大久保公園周辺・警視庁
https://www.jiji.com/jc/article?k=2024120400908

女性が「パパ」と呼ばれる男性から金銭や高額なプレゼントを受け取る代わりに、食事やデート、時には肉体関係を提供する。利用されるSNSは、一般的な男女の出会いを目的としたマッチングアプリから、パパ活専用アプリ、売春目的として使われているアプリ、匿名メッセージアプリに付随した不特定多数がやり取りできるコミュニティ機能など様々である。

双方合意のうえで食事やデートをすることを建前としているため、パパ活そのものは違法とされにくいが、実態は単なるデートにとどまらず、売春や性的サービスを含むケースも少なくない。そのため、警察としても、新たな売春の温床となっていると問題視している。

なぜパパ活は増加する一方なのか

パパ活が増加している背景には、SNSを介して「気軽に稼げる手段」として若者の間で広まったことと、コロナ禍の初期段階において、水商売や性風俗での仕事が制限され、その代替手段として使われたことが大きいと考えられる。

パパ活を巡っては、若年層の女性が経済的困窮から抜け出す手段としている実態がある一方で、彼女たちを搾取の対象とする男性や悪質な業者が関与する問題もある。また、未成年が安易に参加することで犯罪被害に巻き込まれるケースや、個人情報を悪用した、詐欺、恐喝、ストーカー被害などに発展するリスクも当然ある。

また、パパ活を含めたマッチングアプリの普及は、男女の出会いや友人探しを手軽にした反面、それを悪用した詐欺や恐喝事件もたびたび引き起こしている。アプリを通じて接触した相手を巧みに信用させ、高額な商品やサービスを購入させるデート商法の現代版や、男性利用者を狙った美人局《つつもたせ》も頻繁に発生している。

さらに、偽のプロフィールや写真を使って相手を信用させたうえで、金銭を騙し取る「ロマンス詐欺」（第5章で詳述）や、アプリ内でやり取りした個人情報や写真を使った脅迫も起こっている。

これらの手口の共通点は、アプリが提供する匿名性と手軽さを利用して、被害者が警戒心を持ちにくい状況を作り出せるところにある。こうしたアプリの運営会社には、サービス内の監視体制が十分でなく、悪質なユーザーを検知する仕組みを設けていないところが少なくない。しかも個人情報の取り扱いについてきちんと説明がなされていないケースも多いため、悪意を持った人間にとっては好都合な環境だからだ。

警察関係者はマッチングアプリを巡る最近の犯罪動向について、こう警鐘を鳴らす。

「マッチングアプリによって引き起こされるトラブルは、報道などで公になっているものよりはるかに多い。警察も監視を強めているが、隠語などが使われているケースも多く、目が届ききれていないのが実情だ。

また、利用者の中にはリスクを十分に理解せずにサービスを使う人もおり、特に未成年や中高年層が被害に遭うケースが目立っている。反社会的勢力が資金を得る手段として悪用していることもあるので、使う側は相当な注意が必要だ」

こうした状況に対し、教育機関や行政は注意喚起や規制強化に努めているものの、根本的な解決には至っていない。また、次章で述べるように、海外のプラットフォーム事業者などに対しては、規制する手段が非常に限られている点も、SNSを通じた売春がなくならない大きな要因にもなっている。

とはいえ、こうした状況に対して警察も手を拱《こまね》いているわけではない。警視庁保安課は2024年4月、路上売春容疑で逮捕した複数女性が利用していた先として、歌舞伎町にあるラブホテルとレンタルルーム合わせて23店舗に立ち入り調査を実施。未成年者をホテルに入らせないよう、適切な表示が行われているかなどが確認された。

警視庁がラブホテルに一斉立ち入りをするなどはこれまでなかったことだ。それだけ現在の売春を巡る社会状況に危機感を持っているということである。

トー横キッズに近づくトクリュウ

歌舞伎町における「トー横キッズ」と呼ばれる若者たちの存在もまた、現代社会が抱える複雑な問題を浮き彫りにしている。トー横キッズは、新宿区歌舞伎町の新宿東宝ビル周辺に集まり、路上にたむろする若者たちを指す言葉として広まった。「新宿東宝ビルの横」を略して「トー横」となったそうだ。

歌舞伎町にトー横キッズが集まる理由の一つとしてよく指摘されるのが、家庭環境の不安定さだ。家庭内暴力や経済的困窮、家族との不和などが原因で、家庭が安らぎの場ではないと感じる若者たちが、逃げ場を求めて集まってきているとされる。

特に、歌舞伎町は眠らない街と形容されるほど、夜間でも通りには多くの人たちが行き交う。街の性質上、匿名性が確保されやすいこともあって、そんな若者にとっては「隠れ家」のような役割を果たしているのだろう。

こうした若者たちのネットワーク形成にも、ＳＮＳは大きな影響を及ぼしている。家出や路上生活をテーマにした投稿やハッシュタグが拡散されることで、同じような境遇にいる若者たちがさらに集まってくることに繋がっているからだ。

トー横キッズの問題に対応する警察関係者の一人は、「大げさでなく全国から同じ境遇の未成年が集まってきているという感じだ。たとえ補導して自宅に返したとしても、すぐに戻ってきてしまうので、そういった若者に対する生活や更生の支援を厚くするなど、もっと根本的な解決策が必要だ」と指摘する。

だが、そういった境遇の若者たちが集まっている状況は、悪意のある大人や犯罪グループにとっては、まさに付け入りやすい絶好の環境だとも言える。

事実、トー横キッズを食い物にしている代表的な存在が、トクリュウなのである。先の警察関係者が言う。

「トー横キッズたちに対して、トクリュウとみられる連中が頻繁に接触していることは警察としても把握しています。そのため、トー横キッズたちに対して怪しい連中が声を掛けている場面などが確認されれば、すぐに職務質問に動きます。

ただ、連中もそれはよく分かっているので、自分たちで直接接触するようなことは、ほとんどありません。トー横キッズたちのリーダー格になっているような若い男や、ホストやスカウトを通じて接触を図っているようです。

　トー横キッズとして集まっている若者たちは経済的に困窮している場合がほとんどなので、連中はそれを利用して闇バイトに関与させようとします。男であれば、薬物や違法品の運び屋、特殊詐欺の出し子など。女であれば売春です。

新宿東宝ビル横のシネシティ広場

　残念ながら、シャワーを浴びたいからという理由だけで、売春に行く子もいるのが、彼ら彼女らを取り巻く実情ですから、犯罪グループにとっては男女問わず都合のいい調達先となってしまっています」

　また、歌舞伎町の事情に詳しい暴力団関係者が明かす。

「トー横エリアの路上については、現状どこか特定の組のシマにはなっていません。そこにいる若者たちも流動的なので、仕切ることもなかなか難しい。

　なので、いろんな組が若い半グレやスカウトなんかを使って、個別にキッズたちに声を掛けていて、どの子を摑《つか》まえられるかは早いもの勝ちになっています。

クスリや売春だけでなく、闇バイトに手を出している子たちも多く、ヤクザや半グレが主導するトクリュウの末端として使われている面は多分にあります」

トー横キッズに限らず、こういった若者たちの抱える問題を解決するためには、まずは若者たちが安全に過ごせる環境を整備することが不可欠だ。ありきたりだが、特に未成年においては、家庭内での問題を早期に発見するための仕組み作りと、児童相談所などの福祉機関を通じた支援の強化を地道に続けていくしかない。

路上生活を選ぶ成年者に対しては、職業訓練などの社会復帰プログラムをどう届けるかが課題だ。こうした世代に向けては、SNSを活用した啓発活動や、安全な居場所への誘導が効果的だと考えられるので、行政における広報活動の強化が重要だろう。

パパ活にしてもトー横キッズにしても、そのような状況を生み出している根底には、今の日本が抱える経済格差の広がりや、社会的孤立者が増加しているという問題がある。こうした若者たちが未来に希望を持てる環境を作り出すためには、政治や行政だけでなく、家庭、学校、地域社会が一体となって問題に取り組んでいくほかない。

「マネロン」に歌舞伎町が好都合な理由

繁華街は組織犯罪における資金獲得の場である一方、得られた犯罪収益をマネーロンダリング（資金洗浄）する場として使われるケースもある。

マネーロンダリングとは、犯罪収益の出所を隠して、それを合法的なものに見せかける一連のプロセスのことを指す。日本においては犯罪収益移転防止法（犯罪による収益の移転防止に関する法律）で規定されており、不法収益を隠すために資金を移動させる行為、犯罪による収益を合法的な資金であると偽る行為、不法収益の所在を隠す行為などが禁止されている。

当然ながら、マネーロンダリングが広がれば、国の金融システムや経済の透明性が損なわれるうえ、組織犯罪やテロ活動の資金源ともなるので、国際的にも厳しい取り締まりの対象となっている。

では、繁華街におけるマネーロンダリングとは、一体どういうものか。

最も分かりやすい事例としては、キャバクラやホストクラブなど接客を伴う飲食店を通じたものが挙げられる。犯罪収益をキャバクラやホストクラブの売り上げとして計上し、その後、合法的な事業収益のように見せかけるやり方である。

具体的には、架空の顧客を作って、実際には利用されていない高額なサービス料金を売り上げとして計上したり、より直接的には、組織のメンバー自身が「顧客」として店で大金を使ったりすることで、犯罪収益を店の正規の売り上げとする方法である。

こういったやり方が可能なのは、キャバクラやホストクラブなどの水商売業界においては、今でも現金取引が多いためである。顧客側の支払いだけではなく、従業員への給与、酒屋からの仕入れなども、現金で直接やり取りするケースは多い。

また、キャバクラやホストクラブは、普段から高額なシャンパンやボトルが飛び交っている場だ。特に歌舞伎町は、一人の顧客が一度に１０００万円を支払ったとしても、それほど違和感を覚えられることがないような、およそ一般的な感覚とは異なる世界でもある。そこに特殊詐欺や強盗によって得た大量の現金を持ち込んだとしても、たしかに目立つことはない。

そこで、組織犯罪グループの一部は、キャバクラやホストクラブの実質的なオーナーとして店を運営したり、関係性の深い店を介させたりすることで、犯罪収益をマネーロンダリングする流れを作る。

かつて、実際に歌舞伎町でぼったくりキャバクラを運営する半グレ集団に関わっていた男が明かす。

「我々がやっていたキャバクラ店には二つの目的がありました。一つは、簡単に売り上げを作るためのぼったくりです。メニュー表に小さな文字で高いサービス料を記載したり、女の子に高額なドリンクを勝手にどんどん頼ませたりして、一人あたり30～50万円の請求をするやり方です。

客の半分くらいは警察に行くと言いだすので、一緒に歌舞伎町の交番まで歩いて行くわけですが、当時は警察も民事不介入ということで、交番の前で話し合って半額だけ払うことで合意するケースが多かったです。当然、こっちは半額になることを見越してぼったくってるわけなので、半分取れたらオッケーって感じでした」

歌舞伎町においては2015年頃から、キャバクラやガールズバーなどにおけるぼったくり被害が急増。歌舞伎町交番の前には、ぼったくられた客と店側の従業員が何組も並んでいる光景が見られるようになった。

事態を問題視した警察は、ぼったくり店への家宅捜索をたびたび実施。現在においては、ぼったくり被害の被害件数も減少傾向にあるようだ。

元半グレの男が続ける。

「店のもう一つの目的は、グループが特殊詐欺などで得た違法なカネを資金洗浄することにありました。やり方は単純で、毎日架空の売り上げを作って、そのカネを店の銀行口座に現金で入れるだけです。

やっぱり大量の現金を保管するのは怖いので、税金払ってでも銀行に入れておきたいってのが我々のグループの考え方でした。悪いことしていて何ですけど、資金洗浄したカネで合法的なビジネスに移行したかったので」

その後、このグループは警察に摘発され、男も有罪判決を受けたという。

この男が歌舞伎町で活動していた時期に、警視庁で組織犯罪対策に従事していた警察OBの一人が危惧する。

「ぼったくりのキャバクラや風俗店などが広まった時期と、繁華街で活動する組織犯罪グループが、暴力団から半グレに移り変わったタイミングは重なっている。その流れの中で、より組織実態が不透明なトクリュウが繁華街の主役となってきたのが現在だ。テクノロジーだけでなく、様々な知識に長《た》けた者たちが台頭してきたことで、組織の実態もカネの流れもますます見えにくくなっている」

第4章 匿名攻撃者によるサイバー犯罪

新世代の犯罪グループの登場

近年、我が国で発生している犯罪の一つの特徴として匿名アプリを利用したものが急増していることは、これまで見てきた通りである。匿名アプリがこれほどまで犯罪で使われている理由は明白だ。

ドコモやKDDI、ソフトバンク、楽天といった通信キャリアで契約した携帯電話番号やメールは、警察が情報開示請求を行えば、通信会社側はすぐに携帯電話の持ち主の個人情報を明かす義務がある。また、X（旧ツイッター）やフェイスブック、インスタグラムなどを運営する米国の大手プラットフォーム事業者も、時間がかかるものの、日本の警察からの情報開示には応じることになっている。

一方で、後で詳しく見ていくが、匿名アプリの場合、運営元がプライバシー重視の観点で情報開示に非協力的だったり、そもそも運営元も利用者の個人情報を特定できない仕組みになっていたりする。そのため、日本だけでなく各国の法執行機関による捜査の大きな障害となっており、それは逆に犯罪者側にとっては大きなアドバンテージになっている。

本書のサブタイトルに掲げた「トクリュウ」は、プロローグで記した通り、特殊詐欺や強盗、繁華街における違法な行為で稼ぐ、暴力団や半グレといった組織犯罪集団と近い関係にある匿名・流動型の犯罪グループを指すものだが、インターネット空間におけるサイバー攻撃や犯罪を実行しているのは、もとより匿名で流動型の攻撃者グループと言える。

中には個で動く攻撃者（悪意あるハッカー）や、ロシアや中国、北朝鮮といった国家的な背景によって組織された攻撃者グループも存在するが、多くのサイバー攻撃やサイバー犯罪は、流動的な攻撃者グループによって行われているとみてよいだろう。

サイバー攻撃における匿名性は、攻撃者にとって行動を隠蔽し、追跡を回避するための重要な要素である。この匿名性を支える技術や手段は、攻撃の実行から資金のやり取りまで多岐にわたる。その中でも、匿名アプリやダークウェブによる追跡回避、ビットコインをはじめとする暗号資産を使った資金移動、流出した個人情報や乗っ取った端末を使った身元の偽装は、攻撃者に匿名性を提供する重要な役割を果たしている。

それぞれの要素が犯罪グループにどう悪用されているかについては順を追って説明していくが、特筆しておきたいのは、それら新しいテクノロジーを使う犯罪グループが、この数年の間に日本において一気に増えたことである。

　サイバー攻撃の温床として、筆者（高野聖玄）がダークウェブの闇市場について解説した『闇《ダーク》ウェブ』[8]（文春新書）を上梓したのは、2016年の7月である。また、2019年には続編としてビジネスメール詐欺やフィッシング詐欺の広まり、暗号資産の抱える問題について指摘した『フェイクウェブ』（文春新書）も著した。

　両書を執筆した頃は、ビジネスメール詐欺やフィッシング詐欺、暗号資産を巡る犯罪のほとんどは、海外から日本に対して行われるものであった。つまり、攻撃者は海外のグループであって、日本は一方的に被害を受ける側であったわけである。

　だが、この数年の間に、こういったサイバー犯罪を実行するグループに、日本人が関与するケースが目立っている。たしかに今でも、大規模なサイバー攻撃や特定の企業を狙った高度なサイバー攻撃は、海外の洗練された攻撃者グループや、国家的な背景によって組織された攻撃者グループによるものが多い。

　しかしながら、詐欺や恐喝、不正アクセスによる窃取《せっしゅ》といった、対個人の小型のサイバー犯罪には、日本人の関与したものも増えてきた。

　それは統計にも表れている。そもそも日本から海外の攻撃者グループを摘発する事案が少ないため、単純に人数の比較などはできないが、都内におけるサイバー犯罪に係る日本人の検挙人数は、２０２２年が１１７８人、２０２３年が１３７８人と増加傾向にある。

日本人によるサイバー犯罪が増えた背景には、匿名アプリやダークウェブといった悪用できる新しいテクノロジーが身近になったことが大きいだろう。これらのツールを使えば、高度なプログラミングやシステムの知識がなくても、簡単にサイバー犯罪を行えるからだ。

本章では、こうした新しいテクノロジーを使うようになった犯罪グループの手口について、技術的な観点も少し交えながら見ていきたい。また、そういった新たな犯罪手口に対する法執行機関の動きについても触れていく。

8　本書筆者の一人である高野聖玄が、以前代表を務めていたセキュリティ集団スプラウトの名義で執筆したもの。当時、問題になり始めていたサイバー闇市場の実態について調査を行い、ダークウェブの実態を解説した。

インターネットにおける匿名性の歴史

サイバー犯罪を行う者にとって、最大の問題はいかに身元を隠せるかである。インターネットにおける匿名性は、技術の進歩とともにその形を変えながら発展してきた。

インターネットが生まれてすぐの頃は、個々のユーザーが利用する端末（当時はサーバーやPCなど）に直接割り振られたIPアドレスによって、それぞれが通信先を識別する仕組みが構築されていた。

IPアドレスはネットワーク上で通信を行う際に今でも使われている情報であり、大まかな位置情報や、誰がどこに接続したかを特定する手がかりにもなる。そのため、端末に直接割り振られることは、プライバシーの観点からは使いづらい面もあったと言えるが、当時のインターネットの世界は総じて牧歌的であり、大きな問題が起こることも少なかったようだ。

そこで、1990年代に入ると、プロキシーサーバーが登場し、インターネット上での匿名性を高める手段として注目されるようになる。プロキシーサーバーは、ユーザーとインターネットを中継する役割として位置するもので、ユーザーが目的のサーバー（ウェブサイトなど）にアクセスする際に自身のIPアドレスを隠してくれる。これにより、接続先のサーバーからはプロキシーサーバーのＩＰアドレスしか見えなくなるため、ユーザーの情報が直接見られなくなることを可能にした。

２０００年代には、匿名性をさらに高めるための画期的な技術として「Ｔｏｒ《トーア》（The Onion Router）」が登場する。Ｔｏｒは、多層的な暗号化技術を利用し、通信データを複数の中継サーバー（ノード）を経由して送信することで、ユーザーの持つ元のＩＰアドレスを隠す仕組みを提供する技術だ。

この多層的なネットワーク構造は、ユーザーと通信相手の間に複数の中継地点（ノード）を挟むことから、「玉ねぎ（Onion）」と呼称される。それぞれの地点で通信内容を暗号化し、特定のノードを経るごとに徐々に復号化されるため、途中のノードや最終的な通信相手からも送信者の実際のＩＰアドレスは解らない仕組みになっている。Ｔｏｒは匿名性を求める個人だけでなく、ジャーナリストや人権活動家、または検閲が厳しい国で自由に情報を発信したい人々にとっての重要なツールでもある。

しかし、こうした匿名性の技術は犯罪行為に悪用されやすいことはすでに述べてきた通りである。たとえば、ダークウェブは、Ｔｏｒや同様の技術によって作られるインターネットの中の閉じたネットワークを指す概念である。

匿名性を実現することを目的とした技術によって作られるネットワークであるから、当然ながら誰が何をやっているかを隠すための空間になっている。それゆえ、ジャーナリストや人権活動家らが身を守りながら活動できる環境を提供している一方で、違法な商品の取引や詐欺の温床にもなっているわけである。

このように、匿名性を巡るテクノロジーの歴史は、インターネット空間におけるプライバシーの保護・セキュリティの確保と、それによって生じる犯罪の隠匿という課題との間で常に揺れ動いてきたと言える。

ダークウェブにおける闇市場の実態

Ｔｏｒは通信における匿名性を確保する重要なツールであるが、そのＴｏｒによって形作られるダークウェブは、サイバー攻撃者や犯罪者にとって、今や欠かすことのできないサイバー闇市場のためのプラットフォームとなっている。

なお、本書ではサイバー闇市場について、ダークウェブなどインターネットの中でも特に匿名性が高く、アクセスが制限された領域に存在する、違法な売買を行うマーケットとコミュニティを指す言葉として定義したい。

このサイバー闇市場では、不正アクセスによって盗まれたアカウント情報や個人情報、オンラインバンキングやクレジットカードの情報、企業から漏洩《ろうえい》した機密情報、さらには違法な攻撃ツールなどが取引されている。また、違法薬物や銃器の売買にも使われており、まさに犯罪のための総合百貨店と言えるだろう。

ダークウェブにアクセスするためには、通常のウェブブラウザではなく、Ｔｏｒなどの匿名性を確保するための特殊なブラウザが必要だ。この特性により、犯罪者が身元を隠しながら活動できる場となっているが、Ｔｏｒ自体は簡単に入手できるツールであるため、ダークウェブには誰もが入ることが可能である。ただし、ダークウェブにはアクセス者を狙ったサイバー攻撃も蔓延しているので、不用意なアクセスは避けるのが無難だ。

ダークウェブにおける代表的な闇市場として知られるのが「シルクロード」である。この闇市場は２０１１年に開かれ、薬物や偽造文書、武器などの違法商品の取引を行うプラットフォームとして米国の犯罪者や若者の間で広まった。

シルクロードは、その当時に出回り始めたビットコインなどの暗号資産を決済手段として使用することで、追跡を回避できると評判を呼んだが、あまりにも違法な取引が拡大したことを受け、2013年にFBIによるおとり捜査によって運営者が逮捕され、閉鎖に追い込まれた。

だが、サイバー闇市場の存在は、犯罪者にとってあまりに利便性が高いものであったことから、シルクロードの摘発後も、ダークウェブには後継の闇市場が次々と登場することになる。これらの闇市場では、フィッシング詐欺のためのツールや、ランサムウェアといったサイバー犯罪や攻撃のためのツールも数多く出回っている。サイバー闇市場が登場したことで、技術的な知識がなくてもサイバー攻撃やサイバー犯罪を仕掛けることが可能となり、悪意に基づく行動を実行に移すハードルを大きく下げた。

よく知られているように、サイバー闇市場においては、不正アクセスによって入手された個人情報や、オンラインバンキング情報、クレジットカード情報も大量に売買されており、これらは新たなサイバー攻撃や詐欺に使われている。特に、オンラインバンキングやクレジットカードのアカウント情報は高値で取引されることが多く、これを使った不正送金も後を絶たない。さらに、企業から盗まれた機密情報や従業員データが売買され、ビジネスメール詐欺やランサムウェア攻撃に転用される例もある。

それだけに、世界中の法執行機関がサイバー闇市場の摘発を進めているが、その効果は漸進的だ。匿名性の高さから、そもそもどの国でサイバー闇市場が運営されているのかさえ、追跡に困難を極めるからだ。ただ、それでもＦＢＩ（米連邦捜査局）やユーロポール（欧州刑事警察機構）をはじめとする機関が協力して大規模な捜査を行うことで、いくつかのサイバー闇市場の閉鎖に成功している。最近では、日本の警察も捜査に協力することが増えているという。

しかし、摘発される市場があれば、すぐに別の新しい市場が現れるイタチごっこが続いているのも現実である。また、サイバー闇市場のサーバーは、各国の法制度の違いを利用して摘発を回避することなどを目的に、国境を越えて分散していることもあるため、根絶するには国際的な協力体制や情報共有の促進が不可欠となっている。

テレグラムとシグナルの仕組み

Ｔｏｒがインターネットにおける通信元を隠したり、サイバー闇市場のプラットフォームとして使われたりしているのに対して、一対一や一対ｎのコミュニケーションを匿名化するツールとして利用されているのが、テレグラム（Telegram）やシグナル（Signal）といった匿名でメッセージをやり取りすることに特化したアプリである。

テレグラムやシグナルなどの匿名アプリの特徴としては、エンドツーエンド暗号化（End-to-End Encryption：E2EE）と、メッセージの自動削除機能が挙げられる。

エンドツーエンド暗号化は、メッセージが送信者から受信者に届くまでの間、第三者が内容を解読できないように暗号化する技術のことである。やり取りされるデータの暗号化と復号化を、それぞれ送信者と受信者の側で行うことで、通信経路にあるサーバーだけでなく、サービス提供事業者も内容を把握できないようにしている。

このため、ユーザーが意図的に共有しない限り、外部の誰も通信内容を知ることはできない。また、エンドツーエンド暗号化はデータの完全性も保証している。つまり、データが途中で改竄《かいざん》されていないことを示す役割も担っており、現代のデジタルコミュニケーションにおけるセキュリティ確保とプライバシー保護の要となる技術だ。

自動削除機能はその名の通り、ユーザーが設定した一定の期間が経過すると、メッセージ内容や共有したファイルが自動的に削除されるものだ。デリケートな情報を一時的に共有したい場合や、セキュリティ上の理由で履歴を残したくない場合など、痕跡を残さないやり取りを可能にする。

テレグラムが他のメッセージアプリと異なるのは、大規模なコミュニティを作ることが可能な点である。グループ機能を使えば、一つのグループで最大20万人のメンバーを管理でき、チャネル機能を使えば一方向による情報配信も可能だ。この仕組みは、ニュースメディアによる情報手段として使われる一方で、陰謀論や偽情報の拡散の場として使われているほか、Ｔｏｒに代わるサイバー闇市場を形成する手段としても広まりつつある。

また、テレグラムのグループ機能を使い、日本人の個人情報や日本企業の機密情報を売買するサイバー攻撃者グループの存在も複数確認されている。特にテレグラムにおいては、中国系とロシア系の攻撃者グループの活動が目立ち、ダークウェブのサイバー闇市場とはまた違った種類のデータがやり取りされるなど、新たなサイバー犯罪コミュニティとして確立しつつある。

一方のシグナルは、メッセージングアプリの中でも、ひときわプライバシー保護を優先して設計されたものである。その特徴的な機能群は、他のメッセージングアプリと一線を画している。エンドツーエンド暗号化を全ての通信に標準適用しているほか（テレグラムは、

シグナル

テレグラム

デフォルト設定で、エンドツーエンド暗号化がされていない)、オープンソースの暗号化プロトコルを採用することでセキュリティと透明性を両立している。また、米国の非営利団体によって運営されている点も他のメッセージアプリと異なる点である。

シグナルの中核となるのは、「シグナル・プロトコル(Signal Protocol)」と呼ばれる独自のエンドツーエンド暗号化技術だ。このプロトコルは、米国で広く使われているWhatsApp《ワッツアップ》(日本におけるLINEのような存在)やグーグルのメッセージングアプリにも採用されており、業界標準ともいえる存在だが、シグナルはこれを最初に開発・実装したことで知られている。

この技術により、メッセージや通話、さらには添付ファイルなど、あらゆる通信内容が完全に暗号化され、通信を中継するサーバーや第三者、さらには運営者自身ですら内容を把握できないようになっていることから、米国の上院議員の公式な連絡ツールとしても認められている。

さらに、送信者と受信者の間でやり取りされる通信鍵が常に更新される「パーフェクト・フォワード・シークレシー(Perfect Forward Secrecy)」を採用することで、過去の通信鍵が仮に漏洩したとしても、他のメッセージに影響を与えないようにもなっている。

また、登録に使った電話番号や連絡先データ、接続履歴といった情報をサーバー側に保存しないなど、運営元が取得するデータを最小化することを徹底しているのも特徴だ。

　こういった機能により、新たな犯罪グループのコミュニケーション手段として確立していることは、すでに見てきた通りである。

匿名アプリ捜査のハードル

　そのため、サイバー捜査における目下の課題は、テレグラムやシグナルに代表される匿名アプリを使った犯罪をどう解き明かしていくかにある。匿名アプリについては、一般的なプラットフォームよりも、開示請求のハードルがさらに高いとされる。

　くわえて、エンドツーエンド暗号化された匿名アプリについては、運営元や通信を介する外部サーバーからでも、通信内容を窺うことが技術的にできないことはすでに述べた通りである。トクリュウに限らず、何らかの違法行為を行う者が、海外製の匿名アプリを使うのは、日本の警察には手が出せないと高を括《くく》っているためだろう。

　シグナルについては、運営元である財団がプライバシー保護を最優先とする方針から、アプリ利用者を特定することのできる電話番号（登録時に必要）や端末の識別情報、エンドツーエンド暗号化をアプリ側で読むための暗号解読用の鍵情報といった、一時的にシグナルの運営元が取得するメタデータを運営サーバーから自動的に消去する仕組みを備えているため、警察が開示請求を行ったとしても、そもそも提供できるデータ自体がないという問題がある。

テレグラムに関しては、これまでテロ容疑に関する情報以外は非開示とのスタンスであったが、2024年9月になって、各国捜査当局から正式な要求が寄せられた場合は、アプリを利用している端末のIPアドレス（インターネット上の位置情報）やユーザーの電話番号を開示すると、大きな方針転換を行った。[9]

この方針転換の裏には、テレグラムの共同創業者であるパヴェル・ドゥロフ最高経営責任者（CEO）が、2024年8月にフランス警察によってル・ブルジェ空港で逮捕されたことがある。逮捕容疑は、テレグラムがプラットフォームとして、児童ポルノの流布、薬物取引、資金洗浄、詐欺などに関与していること等である。つまり、フランス当局はプラットフォームの暗号化技術が犯罪を下支えしていると考え、それに対して法的責任を負わせようと動いたわけである。

また、欧州においてテレグラムによる偽情報や陰謀論の拡散が大きな問題となっていることも大きいだろう。テレグラムでは最大20万人までのグループを作れるため、その機能を使って大量の偽情報や陰謀論が広まる状況も生まれている。パヴェル・ドゥロフ氏の逮捕の裏には、社会の分断が深刻化する欧州の政治的な要因もありそうだ。

このフランス警察による逮捕は、プラットフォーム運営者に対し、法的責任を問う試みの事例として他国の法執行機関からも注目されている。それだけ世界中の法執行機関が、テレグラムに手を焼いているということでもあるのだろう。現時点において、最終的にどういった司法判断が下されるかは見通せないが、今後の日本警察における捜査にも影響を及ぼす可能性があるだろう。

ただ、こうした海外における動向は、すでに日本の犯罪マーケットに悪い意味で変化をもたらしている。トクリュウの動向に詳しい関係者が言う。

「ルフィ事件で逮捕者が出たことや、テレグラムの創業者が捕まったことで、闇バイトのやり取りは、テレグラムからシグナルに移った」

9　BBC：テレグラム、今後は当局にユーザー情報提供も　犯罪抑止に向け方針変更
https://www.bbc.com/japanese/articles/c30lqd1l5ldo

実際、SNSにおける闇バイトの実態を調査しているホワイトハッカーの一人も「応募後のやり取りについて、シグナルが指定されるケースが増えた」と明かす。

犯罪に悪用されるツールの移り変わりは早い。犯罪者グループにとって、テレグラムはすでにリスクのあるツールという扱いになっているのだろう。シグナルが主流になれば、捜査のハードルは一段と上がる可能性がある。

実際、警察がシグナルでやり取りされている内容を把握しようとしても、エンドツーエンドの暗号化が施されているため、運営元や通信を介する外部サーバーから中身を窺うことは技術的にできない。また、アプリと紐《ひも》づく端末のIPアドレスや電話番号もシグナル側は保持していないとされているので、それをもとに発信元を特定していく方法も難しい。米国FBIではシグナルの解析を進めているとの話もあるが、犯罪捜査においてどの程度有効なのかはまだ不明だ。

一大犯罪ビジネスとなったランサムウェア

サイバー空間における最大の犯罪ビジネスと言えば、いまやランサムウェアをおいてほかにない。サイバー闇市場において、個人情報や企業の機密情報などの取引が活発になった要因の一つは、それらの情報をもとに、ランサムウェアによってターゲットから身代金を得る手法が確立したからだとも言える。

ランサムウェアは、近年急速に深刻化したサイバー攻撃の一形態であり、企業や個人のシステムを標的にしてデータを暗号化し、それを解除するために身代金を要求する手口のことである。攻撃者はまず、フィッシングメールや脆弱なネットワークを介してターゲットの端末にランサムウェアを侵入させる。その後、ターゲットの端末に保存されているファイルやシステム全体を暗号化し、「データを復元するにはカネを支払う必要がある」といった脅迫メッセージを表示させる。身代金は追跡が難しい暗号資産での支払いを求められることが多い。

ランサムウェアの基本的な仕組みは、暗号化技術を悪用する点にある。攻撃者は、強力な暗号アルゴリズムを用いて被害者のデータを暗号化する。復元するためには、攻撃者が保持する復号鍵が必要となるが、これを入手する手段は身代金を支払う以外にはほとんどない。

攻撃者の多くは期限を設定することで支払いを迫り、期限が過ぎるとデータを完全に消去すると脅すのが常套だ。また、中には「ダブルエクストーション（二重脅迫）」と

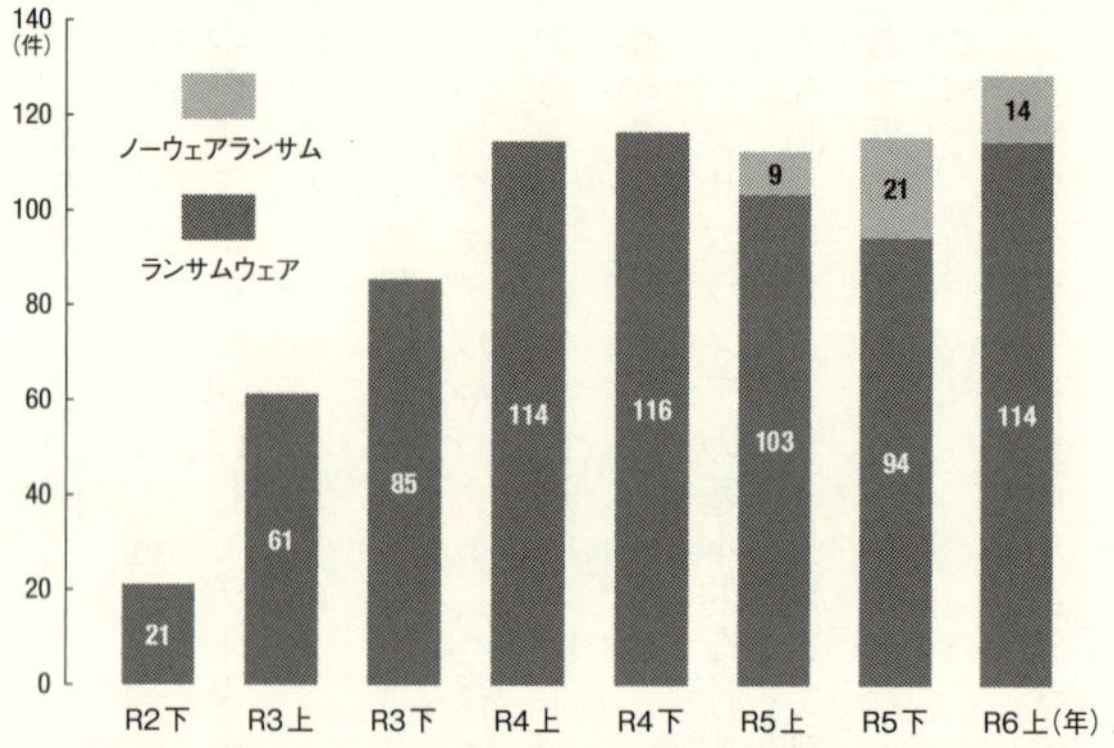

図表2　ランサムウェアの被害報告件数

出典：警察庁サイバー警察局

※ノーウェアランサム＝暗号化することなくデータを窃取したうえで身代金を要求する手口。令和5年上半期から集計

呼ばれる手法を取る攻撃者もおり、データを暗号化するだけでなく、それを盗み出して公開すると二段階で脅迫するケースも増えている。

この手口は、単にデータの復元を望むだけでなく、情報漏洩を恐れる企業に対して大きなプレッシャーを与える。実際、ランサムウェアによって盗み出された機密情報が、ダークウェブ上のリークサイトに掲載される例は後を絶たない。

被害の規模も年々拡大しており、企業だけでなく、医療機関や公共インフラ、地方自治体までが攻撃の対象となっている。警察庁によると、２０２４年上半期におけるランサムウェア被害報告件数は１１４件と、２０２２

年以降高止まりが続いているという[10]（図表2）。

もし、病院などの医療機関が攻撃を受ければ、患者の治療に必要なデータにアクセスできなくなるため、生命に直接的な影響を及ぼす危険性もある。地方自治体がランサムウェアの被害を受ければ、市民サービスの停止や重要な行政データの損失が生じるリスクもある。ランサムウェアによる被害は、単なる金銭的な損失にとどまらず、社会的混乱や信頼の喪失を招くことにも繋がりかねないものだ。

身代金については、ビットコインやモネロといった暗号資産で要求されることが多い。これは暗号資産の持つ匿名性により、取引の追跡をできるだけ難しくさせるためだ。身代金を暗号資産で受け取った攻撃者は、それをさらに分散させることで痕跡を隠そうとする。これにより、法執行機関が攻撃者を特定し摘発する難易度は著しく高まるからだ。

こうした犯罪収益の移転を阻止するため、暗号資産の取引所に対する規制は世界中で厳しくなっているものの、意図的に規制をかい潜《くぐ》ろうとする業者も後を絶たない。ドイ

10　警察庁：令和6年上半期におけるサイバー空間をめぐる脅威の情勢等について
https://www.npa.go.jp/publications/statistics/cybersecurity/data/R6kami/R06_kami_cyber_jousei.pdf

ツ連邦刑事庁は2024年9月、マネーロンダリングを含む犯罪行為に関与したとして47の暗号資産取引所を閉鎖している。[11] ドイツ連邦刑事庁によると、これらの暗号資産取引所はランサムウェア攻撃やサイバー闇市場における取引によって得られた犯罪収益を隠匿することに利用されていたという。

KADOKAWA事件の教訓

近年、ランサムウェアによる事件として大きな注目を集めたのが、出版やエンターテインメント事業を手掛ける大手企業KADOKAWAに対する攻撃だ。

2024年6月、KADOKAWAが「BlackSuit（ブラックスーツ）」を名乗る攻撃者グループからランサムウェア攻撃を受け、業務データが置かれるファイルサーバーが暗号化される。これにより、KADOKAWAの業務運営に深刻な影響が生じたうえ、動画サービス「ニコニコ動画」なども停止に追い込まれた。

ブラックスーツは、暗号化したデータの復元に必要な鍵を提供する条件として多額の身代金をビットコインで要求。さらに、犯行声明を公表し、身代金が支払われない場合は、盗み出したデータをダークウェブで公開するとした。同社の経営陣は、復旧と同時に攻撃者への対応に追われることになる。

攻撃があったことは、ＫＡＤＯＫＡＷＡの一部のシステムで異常が検知されたことから発覚したという。現時点においても、ＫＡＤＯＫＡＷＡ側は攻撃者が侵入した経路を明らかにしていないが、過去のブラックスーツの手口から、フィッシングメールやシステムの脆弱性を悪用した侵入などが考えられる。

なお、ネットメディアNewsPicksの報道によれば、ＫＡＤＯＫＡＷＡの経営陣は事件発覚の直後、ブラックスーツ側に対して、約４億７０００万円（当時のレート）相当の身代金をビットコインで支払ったとされる。[12]だが、身代金を支払ったにもかかわらず、データは復旧されなかった。代わりにブラックスーツ側から届いたのは、さらに約13億円を支払えという、追加の脅迫であった。結局、ＫＡＤＯＫＡＷＡの経営陣はこのまま

11　ドイツ連邦刑事庁：Cybercrime: Erfolgreicher Schlag gegen die Infrastruktur von digitalen Geldwäschern der Underground Economyhttps://www.bka.de/DE/Presse/Listenseite_Pressemitteilungen/2024/Presse2024/240919_PM_finalexchange.html

12　Newspicks：【極秘文書】ハッカーが要求する「身代金」の全容 https://newspicks.com/news/10160526/

ずるずると身代金の支払いを続けても解決しないと考え、この追加の支払いをつっぱねたとされる。

追加の身代金が支払われなかったことを受け、ブラックスーツ側は予告通り、ダークウェブ上のリークサイトで盗み出したデータを公開し始める。その中には、同社グループのドワンゴの全従業員に関する個人情報、傘下の学校法人の生徒の個人情報など、合計25万4241人分の個人情報が含まれていた。[13] 同社の社内文書や取引先との契約情報などのデータも合わせると、盗み出されたデータは約1・5テラバイトにも上る。

KADOKAWAは2024年8月、ランサムウェア攻撃により2025年3月期の決算で36億円の特別損失を計上する見通しだと発表した。2025年3月期通期連結業績予想における売上高の減少影響は84億円、営業利益の減少影響は64億円としており、いかに甚大な被害を受けたかが分かる。[14]

復旧にも時間を要した。ニコニコ動画がサービスを再開したのは、攻撃から約2ヵ月後のこと。システムはほぼ一から作り直す必要に迫られたという。出荷に大きな影響が出ていた書籍についても、出荷部数が平常時の水準に回復したのは2ヵ月以上経ってからのことだ。

ランサムウェア攻撃は、どのような組織にとっても深刻な脅威であるが、特にデータが事業活動の中核をなす業界では、その影響は甚大だ。ＫＡＤＯＫＡＷＡの事例は、サイバー攻撃がもたらす経済的・社会的影響の大きさを再認識させるものであり、企業や他の組織にとってもサイバーセキュリティ対策を見直すきっかけとなったはずだ。

技術的な対策は本書の趣旨ではないので細かくは触れないが、ランサムウェアに有効な対策としては、何より日常的なデータのバックアップ管理である。暗号化されたデータが復元不可能になった場合でも、最新のバックアップがあれば、迅速にシステムやデータを復旧することが可能になるからだ。

ただし、企業でも個人においても、バックアップを保管しているサーバーやストレージが、通常の業務ネットワーク（個人の場合はＰＣ）と直接的に繋がっていると、その

13　ＫＡＤＯＫＡＷＡ：ランサムウェア攻撃による情報漏洩に関するお知らせ
https://group.kadokawa.co.jp/information/media-download/1356/d3f77b589c58d083/

14　ＫＡＤＯＫＡＷＡ：大規模サイバー攻撃による業績影響、特別損失の計上および２０２５年３月期通期連結業績予想の修正に関するお知らせ
https://ssl4.eir-parts.net/doc/9468/tdnet/2493143/00.pdf

領域もランサムウェアの被害を受ける可能性は高い。すると、バックアップは取っていたものの、一緒に暗号化されてしまったという事態にもなりかねない。

そのため、バックアップについては、もし攻撃者がネットワークに侵入してきたとしても影響を及ぼせないよう、分離した状態で保管しておく必要がある。個人であれば、単純にバックアップを保管しておくストレージ（外付けのハードディスクなど）を、データをコピーする時以外は、ＰＣや自宅のネットワークから切り離しておくだけで十分効果がある。

企業であれば、ランサムウェア以外のサイバー攻撃への対策も含め、包括的なセキュリティ体制を構築しなければならないことは言うまでもない。自社のシステムに脆弱性がないかを定期的に確認し、セキュリティを常に最新の状態に保つこと。アクセス権限の管理と認証の強化。社内システムに対する定期的なセキュリティテストの実施。情報管理規定の整備や従業員へのセキュリティ教育。攻撃者が侵入してくることを前提とした、社内の端末やネットワークに対する統合的な監視。実際にインシデントが発生した場合の対応手段の整備や訓練などである。

盗んだビットコインをどう現金化するか

さて、ランサムウェアなどのサイバー攻撃によって窃取されたビットコインなどの暗号資産は、その後どういう経緯を辿るのだろうか。犯罪者グループの動機にもよるだろうが、ランサムウェア攻撃や不正アクセスなどで盗んだビットコインなどの暗号資産は、最終的には実際の法定通貨に換えることを目指すものと考えられる。

ランサムウェアのケースで考えると、身代金としてビットコインを得た犯罪者グループは、まずは追跡されにくくするため、「ミキシングサービス」を利用する場合が多いことが過去の追跡調査などから判明している。

このミキシングサービスは、複数のユーザーから送られたビットコインと混ぜ合わせることで送金元を分かりにくくする仕組みだ。そうすることで、ブロックチェーン上の公開履歴が途切れたように見せかけられるため、取引の追跡を難しくする。そもそも、暗号資産は移転記録がブロックチェーン上で記録および公開されるため、直線的な移転ではすぐに把握されてしまうためである。

次に、分散型取引所（Decentralized Exchange：DEX）を活用するケースがみられる。コインチェックやビットフライヤーといった、日本の暗号資産取引所は中央集権型取引所（Centralized Exchange：ＣＥＸ）と呼ばれ、利用者に対する本人確認（ＫＹＣ）が義務付けられており、不正利用されにくいようになっている。

一方で、分散型取引所であれば利用するのに身分証明などが必要ない。分散型取引所は中央管理者を持たず、スマートコントラクト（プログラムによって契約が自動処理されていく仕組み）を通じて暗号資産の交換が行われるため、匿名性を保ったままビットコインを他の暗号資産に交換できる。

さらに、「モネロ（Monero）」や「ジーキャッシュ（Zcash）」といった、取引の匿名性やプライバシーの強化に特化したいわゆるプライバシーコインへ交換するなどしていけば、盗まれた暗号資産は相当に追跡困難になるとみられる。

現金化するうえでは、ユーザー間での直接取引を可能とするＰ２Ｐ取引プラットフォームを使う方法がある。Ｐ２Ｐ取引プラットフォームを使えば、第三者を介さずに直接他のユーザーとの間で、暗号資産と現金を交換することができる。互いに身元が分からないので、犯罪者にとって利用しやすい手段となっている。

また、前述したドイツでの暗号資産取引所の大量閉鎖に表れているように、海外にはマネーロンダリングを意図的に黙認することで収益を上げている暗号資産取引所も少なくない。日本の警察関係者も「様々な犯罪収益が、規制の甘い海外の暗号資産取引所を経由して法定通貨に換えられているとみている」と指摘する。

中には、ビットコインで支払いが可能な高価な物品を購入し、それを転売することで現金を得るケースもある。日本国内における似た手口としては、フィッシング詐欺などで搾取したオンラインショッピングのポイントを使い、iPhoneなどの高額商品を購入して転売するものだ。アナログな方法ではあるが、転売プロセスを経由することでブロックチェーンの記録から現金化のプロセスを切り離すことができる。

より直接的な方法もあると語るのは、海外で暗号資産取引所を運営しているという日本人の男性だ。

「特定の顧客の要望によっては、ビットコインなどの暗号資産を直接キャッシュに換えることもしています。我々のグループは、海外で複数の暗号資産取引所を運営しているので、その中の口座の一つに送金してもらい、20パーセント程度の手数料を取って、キャッシュでお渡しする形です。現状、暗号資産の多くは価格が上昇傾向にあるので、我々としてはすぐに現金化するのではなく、ある程度の値上がり益が出た段階で利益を確定させる方針です」

なお、この男性のグループが具体的にどういった段階を経て最終的に利益を得るかまでは明かされなかったため、その実効性についてまでは判断できない。ただ、この男性が運営しているというような規制の緩い国の暗号資産取引所を使うことで、即日キャッシュに換えることができると謳うブローカーについては、複数の存在が確認できた。

こういった手口の組み合わせにより、攻撃者は複数の段階を経て、盗んだビットコインを現金化しているとみられている。当然、各国の法執行機関も対策を強化するため、暗号資産取引所における取引履歴の監視や、分散型取引の動向を追う技術の高度化に取り組んでいる。また、一部の国ではミキシングサービスや分散型取引所に対する規制強化も検討されるなど、マネーロンダリングに対する各国の姿勢は厳しさを増している。

だが、それでもなお、匿名性を悪用したサイバー犯罪者側の有利な状況に変わりはなく、根絶への道のりは険しいのが実情だ。

変わるサイバー捜査のあり方

こうした情勢を受け、日本の警察も、ランサムウェアなどのサイバー攻撃の摘発に向けた取り組みを強化している。警察庁は2024年4月、重大なサイバー攻撃・犯罪へ

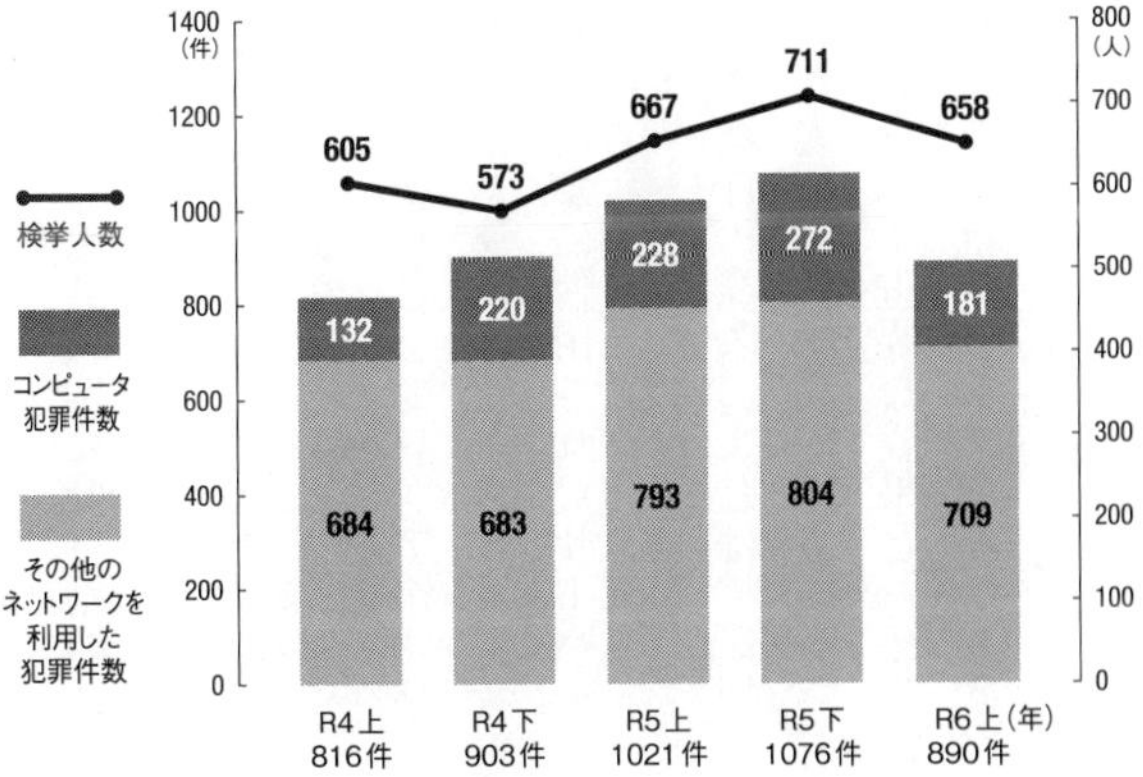

図表3　サイバー犯罪の検挙件数及び検挙人数
出典:警視庁サイバーセキュリティ対策本部

対処するためのサイバー特別捜査隊を、それまでの隊から格上げし、サイバー特別捜査部として発足。国際的な捜査連携を一層強める体制作りを急ぐ。

成果は早くも出始めているようだ。日本警察が捜査に参加する事件においても、攻撃者のネットワークを突き止め、ランサムウェアの運営を行う犯罪組織の摘発に成功するケースが出てきている（図表3）。

２０２４年11月には、数々のランサムウェア攻撃を行ってきたとみられるグループ「フォボス」の首謀者とされるロシア国籍の男の摘発に成功している。警察庁などの発表によると、フォボスは世界中の企業や公共機関に対するサイバー攻撃を繰り返し、１６００万ドル（約24億6400万円）以上を奪ったとされる。日本においても、2020年以降に企業や公共機関に向けた約70件のサイバー攻撃に関与しているとみられている。

フォボスは主に企業や個人を標的にしたランサムウェア攻撃を展開し、世界中で深刻な被害をもたらしてきたグループとして知られている。医療機関など社会インフラが被害を受ける事例も目立つ。

活動拠点としてロシアが関与している疑いが強くあったが、警察庁はユーロポールやFBIと連携しながら、被害者の技術的証拠をもとに、フォボスの攻撃インフラを特定し、攻撃に使用されたサーバーやIPアドレスを独自に追跡し、首謀者の男を特定したという。

警察庁の発表によれば、逮捕者の中には日本国内の企業を標的とした攻撃に直接関与した人物も含まれているようだ。この逮捕は、ランサムウェア攻撃に対する国際的な抑止力を示す重要な成果と言えるだろう。一方で、逮捕を逃れたフォボスの他のメンバーもおり、新たなランサムウェア攻撃を行うグループを形成しているとみるセキュリティ専門家もいる。

ランサムウェアに限らず、金銭を目的としたサイバー攻撃者グループの多くは、国際的なネットワークの広がりの中で、離合集散しながら活動している傾向が強い。この摘発事件のように、警察庁がユーロポールなど各国の捜査機関と連携して行動する動きは、今後さらに増していくだろう。また、サイバー捜査体制の連携・強化とともに、暗号資産を利用した犯罪資金の流れを抑制する技術的手段や規制の整備も並行して進めることが求められている。

課題はまだある。ＳＮＳにおける闇バイトの首謀者の特定にしろ、サイバー犯罪の多くは、犯罪者側が匿名アプリやダークウェブなどを介して情報をやり取りするため、実際に被害が発生するまで警察が捜査することが難しい。しかし、闇バイトによる強盗や殺人が連続している以上、後手後手にまわった対応では遅いという声が政府や警察内からも上がっている。

そこで、自民党の治安・テロ・サイバー犯罪対策調査会（高市早苗会長）は、警察官が身分を隠して犯罪組織に接触することを可能とする、「仮装身分捜査」のためのガイドライン策定など、闇バイト撲滅《ぼくめつ》のための提言を２０２４年12月に政府へ提出。それがきっかけとなり、警察庁は、本格的に仮装身分捜査を導入することを決めた。

米国をはじめ、海外のサイバー捜査では、仮装身分捜査やおとり捜査によって、匿名空間に身を隠す犯罪者グループを摘発してきた事例は多い。

警察関係者が言う。

「ダークウェブだけでなく、テレグラムやシグナルを使う犯罪者がこれだけ増えてきては、技術的に足跡を辿れませんじゃ話にならない。情報開示請求もままならないのであれば、新たな捜査手法を取り入れるのは必然だろう」

サイバー捜査の遅れが指摘され続けてきた日本においても、他の先進国並みのサイバー捜査環境が整うかどうかが問われている。

コラム

サイバー攻撃者の横顔
——誰が何のためにやっているのか

高野聖玄

「サイバー攻撃者」というのは、顔の見えることがない相手です。法執行機関による摘発で、年に何度か犯人の顔がニュースに流れることはあるものの、サイバー攻撃にしてもサイバー犯罪にしても、発生している被害件数に比べて、犯人像が明らかになることが非常に少ないタイプの事案と言えます。

私は、サイバーセキュリティ専門会社の経営者として6年、サイバーセキュリティとリアルの危機管理を含めたリスクマネジメント会社（エスチーム・リサーチ・アンド・コンサルティング）の経営者として4年、セキュリティ業界に関わってきました。その前の10代から30代にかけては、ITエンジニアやIT業界を取材する編集記者も経験しているので、約25年間にわたってインターネット・テクノロジーの世界に浸ってきたとも言えます。

振り返れば、1990年代後半に初めてインターネットに触れた時は、新たな空間は全て希望に溢れているように感じられました。2000年代になって、日本でもブログで情報発信する人たちが沢山出てきて、ミクシィやグリーといったSNSが生まれたWeb2・0の時代は、オープンソース文化とも相まって、インターネット上にはどんな情報も載せて、それを世界中の人々でシェアするという、性善説に基づいたイデオロギーとも言うべき考えが広がっており、バラ色の未来を約束しているかのような感がありました。

しかし、今のインターネット空間（サイバー空間）は、希望よりも脅威で語られることのほうが多くなっています。新しい技術やサービスが生まれることを喜んだり、楽しんだりする声より、怖さや被害を訴える声を耳にする機会のほうが多いのは私だけでしょうか。2010年代の中頃から、そうした傾向はますます強まってきていると感じています。

もちろん近年でも、暗号資産技術やAI技術が世界中であっという間に広まりましたし、リモートワークや膨大な動画配信を支えるための技術革新が大きく進んだことで、生活がより便利になったことは間違いありません。ただ、一方で本書に記したようなサイバー犯罪の蔓延や、大規模なサイバー攻撃によって、大きな被害を受けている個人や企業は後を絶たない状況です。

便利になった代償だと言えばそれまでですが、インターネット空間が社会の重要なインフラとして欠かせなくなった以上、そこに安定・安全・安心がなければ、社会全体の不安定化にも繋がります。

先に記したように、私は約25年間にわたってインターネットと深く付き合ってきました。もし、10代の頃にインターネットと出会っていなければ、今とはまったく違う人生を送っていたと思います。それだけに、インターネットによってもたらされる可能性や楽しさを取り戻し、次世代にも繋げていきたいという思いが、サイバーセキュリティという仕事を続けている理由でもあります。

そんなサイバーセキュリティの仕事の中で一番感じているのは、インターネット空間においては、守る側よりも攻撃する側のほうが圧倒的に有利だということです。この感覚は多くのサイバーセキュリティ専門家に共通するものだと思います。本書においても、匿名性がもたらす犯罪者グループの優位性について多くの紙幅を割きましたが、その状況こそがサイバー脅威増加の大きな要因となっています。

本書では、サイバー脅威の中でも、主に金銭を目的とした個人や企業向けのサイバー犯罪を扱っていますが、そうした脅威の種類や攻撃者の背景は様々です。金銭目的以外にも国家的背景を持つ大規模なサイバー攻撃、さらには他国民に対して水面下で認知戦を仕掛けるものまであり、手法やターゲットはますます多様化しています。

個人に対して金銭目的の攻撃を行っているのは、主にロシアや中国、北朝鮮を拠点とする、規模のそれほど大きくないグループが大半だとみられていますが、最近では日本人の関与が増えてきている傾向にあるということは本編で指摘した通りです。

私の仕事の一つに、実際にサイバー攻撃を受けた企業の現場に入り、エンジニアと一緒になって対応や原因究明を行うインシデントレスポンスというものがあります。その際、サイバー攻撃による被害状況の把握や侵入経路の調査なども行うのですが、まれに攻撃パターンに時間的な規則性が認められる場合があります。

たとえば、攻撃を受けているのが毎日8時間で週5回程度といった形跡が認められたりします。そんな時は、このサイバー攻撃を行っているのは、組織の中で決まった勤務時間で従事しながら実行している人間なのかもしれないなどと予測できるのです。

実際、北朝鮮の公的機関の中にはサイバー攻撃を実行している組織があると言われているので、そうした定時勤務の相手であることは十分に考えられます。北朝鮮の場合は、外貨を稼ぐ手段として、先進国に対するサイバー攻撃を行うことが常態化しているともみられています。

一方、政府機関や重要インフラをターゲットとする国家的背景を持つサイバー攻撃は、国家の直属機関が直接関与する場合や、国家の支援を受けた規模の大きい攻撃者グループが活動している場合が多いとされています。これらの攻撃は、政治的目的や軍事的優位を得る目的で行われ、攻撃対象国の混乱を狙う役目を担っています。

こうした組織やグループは平時において、対象国の機密情報の収集、有事に備えた侵入経路の確認、本格攻撃の前の小規模な攻撃テストなどを行っていると考えられます。有事には、空爆や陸上部隊の侵攻に合わせて、エネルギー施設や通信網へのサイバー攻撃を行うことが任務となりますが、これはロシアによるウクライナ侵攻でも実際に起こっていることです。

また、サイバー攻撃は認知戦の一環としても利用されています。認知戦とは、特定のメッセージや情報を広めることで、対象国や対象集団の世論を操作し、自国に有利な状況を作り出す戦略手法です。ロシアが米国の大統領選を混乱させるため、ソーシャルメディアで偽情報を拡散するのは、その典型例と言えます。

認知戦の目的は、対象国の社会的不安を引き起こしたり、政治的分断を深めたりすることにありますが、軍事的な戦略としてだけではなく、経済的な優位性を獲得する手段でもあります。過去明らかになったものとしては、ロシアにあるインターネット・マーケティング会社が、ＳＮＳの投稿や広告を使って、米国に対して偽情報を拡散していたケースがあります。

米国のインテリジェンスに関わるセキュリティ関係者の知人は、「今アジアでは、台湾に対する中国からの小規模な攻撃テストのような動きが数多く観測されている。これは未来の侵攻を想定したものと考えられる。一部の手法は、日本に向けた水面下の攻撃にも使われている兆候がある」と述べます。日本が、こうしたサイバー攻撃にもっと注意を払うべき時期を迎えていることは間違いありません。

サイバー攻撃に関わる者の中には、他のサイバー攻撃者に対して、情報や攻撃のためのツール、サービスを提供することで利益を得ているタイプも存在します。たとえば、企業への侵入や個人へのフィッシング攻撃によって集めた機密情報や個人情報をダークウェブなどのサイバー闇市場で売る、あるいはシステムへの侵入を実行するためのハッキングツールを売る、ランサムウェアの配布や身代金を回収するための仕組みをクラウドサービスとして売るといったケースです。

こうした形で稼ぐのは、発展途上国にいるIT技術の高い若者などに多いと言われています。サイバー闇市場で売られているクレジットカード情報などは、一枚当たり数千円から高くて数万円程度ですが、価格はドル建ての暗号資産決済なので、住んでいる国によっては為替差で大きな収入になるからです。

このように、顔の見えないサイバー攻撃者たちは、目的や動機により、異なる攻撃手法を選択しますが、共通しているのは現代のデジタル社会が内包する脆弱性を突くという点です。

繰り返しになりますが、インターネット空間は、圧倒的に攻撃者側が有利な環境です。パソコンやスマートフォン、企業の社内システムだけでなく、情報網や社会インフラ、選挙制度など、あらゆるシステムに潜む脆弱性が攻撃の糸口になり得ます。

こうしたデジタル社会における弱点を前提に、政府や企業、個人が、それぞれの立場で新たな脅威を理解し、備え、対応していかなければ、悪意ある攻撃者によって、未来が大きく脅かされる時代に私たちはいるのです。

第5章　ＳＮＳに蔓延する闇アカウント

闇アカウントが犯罪の入口に

ＳＮＳに蔓延する「闇アカウント」の存在は、現代社会に深刻な問題をもたらしている。特に、Ｘ（旧ツイッター）やインスタグラム、ティックトックといった主要なＳＮＳでは、実態の分からない匿名アカウントが犯罪行為の入口となっている。

なお、本書においては、闇アカウントについて、匿名性を隠れ蓑《みの》に違法行為を行うことを目的としたＳＮＳアカウントのことを総称する言葉として用いるものとする。これらの闇アカウントは、闇バイトの募集や、詐欺行為の実行に使われることも多く、これまで見てきたようにトクリュウによる強盗事件においても、実行役を募集する方法として悪用されている。いわばインターネット空間における、犯罪行為の拠点とも言えるだろう。

若者に多く使われている、Ｘやインスタグラム、ティックトックでは、「高収入」「簡単作業」「即金」といった曖昧な表現を使って求人情報を掲載し、実際には特殊詐欺の受け子や、強盗事件の実行役を募集しているケースが数多く報告されている。これらの投稿は、一見すると正規の求人広告に見えることから、若者が知らないうちに犯罪に巻き込まれる事態を招いている。

また、闇アカウントは詐欺行為にも頻繁に利用されている。たとえば、商品やサービスを提供するかのように見せかけて金銭を受け取った瞬間に連絡を絶つ架空取引や、投資詐欺やねずみ講に関連する勧誘、当選詐欺を行うアカウントが溢れている。

これらの詐欺は、匿名性と拡散力が高いＳＮＳの特性を最大限悪用したもので、加害者に対する追跡を困難にしている。また、個人情報を詐取する目的で、不審なリンクを送りつけるフィッシング詐欺に、実在の人物を騙《かた》った闇アカウントが使われることもある。

こういった詐欺の手口においては、個人情報を巧みに騙し取られることも多いため、最初の被害が発生した後に、さらに二次的な被害に繋がるリスクもある。

大手のＳＮＳプラットフォーム事業者は、こうした違法行為を未然に防ぐために、利用規約の強化や、ＡＩによる不正検出システムの導入などを進めているが、犯罪者グループの手口のほうが圧倒的に巧妙であり、現状のＳＮＳは闇アカウントの無法地帯と化している。

この状況は、日本に限ったことではない。詐欺などのサイバー犯罪だけでなく、国や企業を狙った大規模なサイバー攻撃、相手国の社会的分断を狙ったディスインフォメーション（偽情報）の展開、そしてウクライナなどで起こっている実際の戦争においても、闇アカウントは悪用されている。皮肉なことに、世界中の悪意ある者にとって、最も使い勝手の良いツールの一つがＳＮＳになっているのだ。

これらの闇アカウントを巧妙化している要因の一つは、ダークウェブなどのサイバー闇市場で売買されている、実際に存在している人物のＳＮＳアカウントを乗っ取ったものが使われている場合も多々あることだ。サイバー闇市場においては、プラットフォーム事業者に対するサイバー攻撃や、フィッシング詐欺などによって窃取されたＳＮＳアカウントのログイン情報（ＩＤ・パスワード）が頻繁に売買されている。

闇アカウントを使ったサイバー犯罪を行う者たちは、こういった乗っ取られた本物のＳＮＳアカウントを使うことで、自らの悪意を巧みに隠しながら、ターゲットに警戒心を抱かれることのないように近づこうとしているのだ。

そして、日本においては、闇アカウント問題の中心にトクリュウの存在がある。トクリュウが首謀する、特殊詐欺や強盗において実行役の募集に闇アカウントが使われているのは、これまで見てきた通りである。

第3章のトー横キッズ問題においても、トクリュウが運用しているとみられる闇アカウントが、「宿泊場所を提供する」「生活費を支援する」といった、一見すると親身な助けを装う投稿を行い、未成年者を犯罪に巻き込む入口としている事例も報告されている。それ以外にも、闇アカウントを使ったサイバー犯罪の形態は多岐にわたる。本章では、そんな闇アカウントの実態についてみていきたい。

美男美女のアイコンに注意

ロマンス詐欺は、SNSやメッセージアプリを通して相手の感情を操り、金銭的な搾取を目的とする犯罪で、日本に限らず世界中で深刻な被害を生んでいる。

特徴的な手口は、SNSの偽装されたプロフィール（闇アカウント）を用いて、フレンドリクエストやフォロー申請を通じてターゲットに接触することから始まる。繋がりが生じたら、恋愛感情を装いながら、ターゲットの心を巧妙に引き込むやり方だ。ロマンス詐欺は、被害者の恋愛感情や信頼を得ることで、経済的な援助を引き出すことに目的がある。

ロマンス詐欺の多くは、国際的な犯罪者グループが関与していることが知られており、特にナイジェリアを拠点とする「ナイジェリア詐欺」と呼ばれるグループが有名である。犯罪者グループは、魅力的な外見や成功したキャリアを持つ人物を装い、フェイスブックやインスタグラム、Xなどで、何気なくターゲットに接触してくる。初めは何気ないやり取りを続け、徐々に親密な関係を築き上げることを狙うわけだ。

やがて、一定の信頼関係が芽生えた頃に、メッセージに「緊急の医療費が必要」「ビザの手続きで資金が必要」など、金銭的な援助を必要としている状況を匂わせてくる。巧妙なのは、感情に訴える言葉だけでなく、話の信憑性を高めるための偽造文書や写真なども用い、被害者の心に揺さぶりをかけてくることだ。

この時点において、もし被害者に何らかの感情が芽生えていると、相手が困っているという強い思い込みや、関係を壊したくないという心理から、多額の送金に応じてしまうケースが出てくるのだ。

ロマンス詐欺の手法には、男女の出会いを装った手口以外にも様々なバリエーションが存在する。たとえば、「王族の縁者」や「国際的なビジネスパーソン」を装う投稿ややり取りを繰り返しながら、ターゲットの信用を得ようとするものなどだ。共通するのは、巧妙に作られたシナリオによってターゲットを欺き、最終的には感情的にも経済的にも大きな被害を与えることだ。

代表的な手口とはどんなものか。左記は、最新のAIエンジンである「ChatGPT」に、ロマンス詐欺の典型的なシナリオについて作成してもらったものだ。


ある女性がインスタグラムで海外在住の男性からフォローリクエストを受けました。その男性はプロフィールで「国際的な企業のエンジニア」と名乗り、高級車や豪邸の写真を投稿して成功者を装っていました。女性がフォローを承認すると、すぐにダイレクトメッセージで接触がありました。

メッセージのやり取りは丁寧で温かく、男性は「仕事で忙しいが、あなたと話す時間は特別だ」と言い、頻繁に連絡を取るようになりました。やがて男性は「真剣に将来を考えている」と語り、女性に特別な存在であると感じさせます。

数週間が経った頃、男性は「出張先で予想外のトラブルが発生し、緊急で送金が必要だ」と相談を持ちかけました。「銀行口座が一時的に凍結されてしまい、助けてくれるのは君しかいない」と訴えたのです。

女性は彼を信じ、数十万円を指定された海外の口座に送金しました。しかし、送金後に男性は「問題が解決するまで少し時間がかかる」と連絡してきたのを最後に、突然音信不通となりました。後日、彼のプロフィールや投稿写真が全て偽物であることが判明し、女性は自分が詐欺に遭ったことを知ります。

最近のＡＩエンジンはこれほど論理的で分かりやすい文章を作成できるまでになった。右の例は、海外の犯罪者グループが日本人をターゲットに、日本語で言葉巧みにコミュニケーションを行うことも、ＡＩエンジンを使えば簡単にできることの裏返しでもある。ロマンス詐欺への対策は、ＳＮＳでの知らない相手とのやり取りには慎重を期すことに尽きる。出来すぎたプロフィールや、早期に親密な関係を求めるメッセージには特に警戒が必要だ。金銭を要求されるものについては、はっきり言えば全て詐欺である。早急にメッセージのやり取りを中止し、その相手のアカウントをブロックするしかない。

ＳＮＳ型詐欺からの被害回復は可能か

とはいえ、普段からどれだけ気をつけても、ふとした瞬間に詐欺に引っ掛かってしまうこともあるだろう。実際、警察庁の統計によると、ＳＮＳ型投資・ロマンス詐欺の認知・検挙状況は、ＳＮＳ型投資詐欺の認知件数が前年同期比で４０３７件増の５９３９件、被害額が同５６９・８億円増の７９４・７億円、ロマンス詐欺の認知件数が同１９２１件増の３３２６件、被害額が同１９３・７億円増の３４６・４億円と大きく増加している。[15]そして、一人当たりの被害金額が１０００万円を超えるケースが多いというのも、この詐欺の特徴だ。

では、被害に遭った場合は、どうすればよいのか。もちろん、まずはすぐにでも警察に相談するのが望ましいが、被害額を回復するには、投資詐欺やロマンス詐欺に関する被害者支援を専門にする弁護士を通じて、騙し取られた金銭の回収を試みる方法もある。

ＳＮＳ型投資・ロマンス詐欺に詳しい、ひかり総合法律事務所の葛山《かつらやま》弘輝《ひろき》弁護士が解説する。

「詐欺の被害回復を図るには、まずは何より騙し取られた財産が、どこに移されたかを追う必要があります。この手の詐欺では、主に銀行振込か暗号資産送金によって被害者

15　警察庁：令和6年11月末におけるSNS型投資・ロマンス詐欺の認知・検挙状況等について
https://www.npa.go.jp/bureau/criminal/souni/sns-romance/sns-touroma2024.pdf

は財産を奪われるのですが、銀行振込であれば振込先口座の凍結、さらには移転先口座の追跡と凍結をいかに早く実施できるかが鍵となります。

犯人側の口座を凍結するためには、警察に被害相談を直接行うか、弁護士を通じて申請するのが早いでしょう。当然、犯人側も振込先の口座が凍結されるリスクは認識しているので、そこはスピード勝負です。ただ、SNS型投資・ロマンス詐欺は海外の犯罪者によるものが大半なので、窃取された財産の流れは、被害者口座↓日本の振込先口座（闇バイトなどによって売られた口座）↓別口座（複数の場合も）↓各種換金手段（地下銀行・暗号資産の私的取引・グローバルな収納代行サービスなど）↓犯人側の海外口座となります。

そこで、各段階にある日本国内の口座を凍結することで、場合によっては被害金額の回復が、一部かもしれませんが可能になります。実際、過去の事例として、1000万以上の被害回復がなされたケースもあります。ただし、現状において暗号資産送金によって窃取された場合は、被害回復がされた事例はまだありません。暗号資産はブロックチェーン（分散型台帳）によって管理されているので、被害者が送金した暗号資産の多くが海外の暗号資産取引所に送られていることまでは追跡可能なのですが、その暗号資産取引所が口座凍結にも送金先名義の開示にも応じないため、そこで行き詰まってしまうのです。

そういう意味において、犯罪に利用されたＳＮＳや広告配信のデジタルプラットフォーム、ＬＩＮＥなどのメッセンジャー、銀行、暗号資産取引所など、犯罪者側の情報を有している先に対して、履歴等の情報開示を適切に求めるための制度運用を、今後どう強化していくかが国家的な課題とも言えます」

現金バラマキ詐欺への応募で口座凍結

ＳＮＳならではの詐欺として、「現金バラマキ詐欺」というものがある。現金バラマキ詐欺が広まった背景には、著名人やインフルエンサーが行うプレゼント企画が大きく影響していると考えられる。近年、多くの著名人やＳＮＳで影響力を持つインフルエンサーらが、フォロワーを増やすために、現金や高額商品をプレゼントする企画を実施している。現金や高額商品をプレゼントすることに、応募者が特定の投稿を拡散したり、フォローしたりする条件を課して、自らのＳＮＳでの影響力を拡大することを狙った戦略だ。

こうした手法は、正規のキャンペーン企画であれば、主催者とフォロワーとの信頼関係を深める有効な方法とも言えるが、犯罪者グループにとっては格好の模倣対象となった。著名人やインフルエンサーを装い、実際には存在しないプレゼント企画を餌に悪事を働く犯罪者グループがいくつも出現したのだ。

この現金バラマキ詐欺は、単に金銭を騙し取るだけではなく、個人情報やクレジットカード情報を不正に取得したり、情報商材の購入に誘導したりするなど、様々な目的を持つ詐欺手法だ。SNSで「抽選で○○万円をプレゼントします」「フォローして応募するだけで現金がもらえます」といった甘い誘惑の投稿の裏には、こうした危険が潜んでいるので注意が必要である。

現金バラマキ詐欺にはいくつかの目的があると書いたが、大別すると次の通りだ。

①個人情報の取得を目的とするもの

詐欺師は応募条件として、DMやLINEなどのメッセージアプリを通じて、詳細な個人情報を送るよう求める。たとえば、名前、生年月日、性別、住所、銀行口座番号、電話番号、メールアドレスなどだ。場合によっては、登録などと称して、パスワードの入力を求めることもある。ここに普段他に使っているパスワードを入力してしまえば、不正アクセスに使われるだろう。これらの情報は、犯罪者グループにとって金銭に匹敵する価値を持つものであり、新たな詐欺に転用されたり、サイバー闇市場で売買されたりすることがある。

②クレジットカードの不正利用を目的とするもの

犯罪者グループは、当選した賞金や商品を受け取るための「認証手続き」に必要などと称して、ターゲットにクレジットカード情報を入力させることもある。もし、クレジットカード情報を伝えてしまえば、不正利用されて、身に覚えのない請求の発生に繋がる。また、その場でクレジットカードから他のポイントなどを購入させられるケースもある。

③情報商材や高額な契約を目的とするもの

一度「現金が当選しました」と信じ込ませたターゲットに対し、「お金を受け取るためには特定の商品やサービスを購入する必要がある」として、高額な情報商材などを売りつける手法もよくみられる。これらの情報商材には実質的な価値などなく、現金の当選はターゲットを誘導するための入口として使われる。

こうした現金バラマキ詐欺がSNSで広がる背景には、大規模な現金プレゼント企画が実際に行われたこともあるため、受け取り手が「本物かもしれない」という期待を抱きやすくなっている面もあるだろう。くわえて、一度でも有名人風のアカウントによって投稿が広められると、真偽を確認せずにリポストやシェアを行うユーザーが多くなる、SNSの持つ構造的な仕組みも大きい。

だが、「簡単にお金を手に入れたい」という欲望や、「みんなが応募しているから自分も」といった同調心理によって、甘い誘いに手を出す代償は、単に個人情報や金銭を窃取されることだけにとどまらない。

こうした現金バラマキ詐欺のアカウントの裏には、特殊詐欺グループなどが潜んでいることも少なくないからだ。警察関係者が説明する。

「現金バラマキ企画に応募した被害者の口座が、特殊詐欺グループの資金洗浄に使われて凍結されるケースもあります。

まず、特殊詐欺グループは、ＳＮＳで現金バラマキ企画を大々的に告知します。そして、そこに応募してきたターゲットに対して、偽の当選通知をＤＭなどで送る。それに喜んだターゲットが返信をしてきたら、現金を振り込むためと言って、名前や住所、電話番号、銀行口座などを送信させます。

そして後日、その聞き出した口座に、当選金額よりはるかに多い額を入金してから、ターゲットには『誤入金してしまった』と連絡します。それで、『一部を謝礼として渡すので、現金で返してもらえないか』などと伝え、回収役の人間を使って手渡しで残りを取り戻す流れです。

実はその裏で、その被害者の口座は、特殊詐欺の別の被害者からの送金先になっており、誤入金したとされる当選金は、別の被害者から騙し取ったカネなわけです。特殊詐欺で一番捕まりやすいのは、ＡＴＭの監視カメラに顔が映る出し子です。摘発が増えたことで、その出し子のなり手も減ってきていると言われています。

それで、まったく関与していることに気づかない第三者を使う手口が生まれたのだと考えられます」

ガーシー事件とSNS恐喝屋の出現

闇アカウントの中には、SNSを使った脅迫や恐喝を生業《なりわい》とするものもある。

SNSを使った脅迫事件として代表的なのは、2022年に発生した「ガーシー事件」だろう。SNSによる著名人への脅迫に繋がった事件として、社会に大きな波紋を広げたことは記憶に新しい。

この事件の中心人物は、「ガーシー」という通称で知られる男性で、芸能人や著名人との長年の交友を通じて築いた人脈を背景に、芸能界の内情やプライベートな情報を暴露する活動をYouTubeやXを中心に展開。若者などからの関心を多く集める一方で、関係者からは当然ながら大きな反発を招いた。

動画配信を通じて、複数の芸能人に関するセンシティブな情報を次々と公開し、それを視聴数やフォロワーを集める手段として利用。その内容には、男女問題や違法行為といった個人のプライバシーを侵害する情報や、特定の芸能人に対する誹謗中傷や脅迫的な言動も含まれていた。

それまでにない動画配信のやり方だったこともあり、一部の視聴者からは「暴露系ユーチューバー」として人気を集めたが、標的にされた側の一部からは、後に名誉毀損や脅迫行為として訴えられることになる。

事件が転機を迎えたのは、特定の芸能人に対して、常習的な脅迫が行われているとして、警察が動き出した時だ。一部の言動が、単なる暴露活動を超えた犯罪行為として捜査対象となったわけである。その後、被害者側の証言や証拠が集まる中、警察は当時、海外に渡航していたガーシー氏に対して逮捕状を請求。国際指名手配などを経て、最終的には暴力行為等処罰法違反（常習的脅迫）により、懲役3年、執行猶予5年の有罪判決が確定している。

ガーシー事件の発生は、SNSによる恐喝屋の出現とも時期が重なっている。単なる情報の暴露だけでなく、その先に金銭の要求などの恐喝行為を行うグループが、増加してきているのだ。警察は、これらのSNS恐喝屋グループもトクリュウとみて、一部のグループに対してはすでに捜査を進めている模様だ。

SNS恐喝屋グループが使う「暴露系アカウント」も、著名人や特定組織に関するセンシティブな情報を暴露することで、注目を集めフォロワーを増やしている。このような暴露系アカウントは、フォロワーが数万人から数十万人に達することもあり、その影響力は大きい。そうした力を背景に、一部の暴露系アカウントが裏で金銭を要求する恐喝行為を行っていると、警察はみているようだ。

実際、危機管理業界においても、SNSで恐喝されているという相談は増えている。また、第2章で述べた新興仕手筋グループとSNS恐喝屋が結び付いているケースもある。

あるベンチャー企業の経営者が、自身の体験を明かす。

「ある時、新しく株主になった投資家の紹介で、東南アジアにある会社との事業提携を模索するために、その国を訪れました。現地では、その投資家と一緒に、相手の会社を訪問したりした後、レストランで食事を取っていると、その投資家の知人だという男性を紹介されました。

せっかくなのでということで、その男性も同席することになり、その後は流れで一緒に女性のいる店に飲みに行くことになりました。しばらくしてから、何気なく男性の手元に目をやると、手首に入れ墨のようなものが見えます。少し心配になって、投資家にそのことを聞くと、『彼は海外生活が長いから、それくらい普通だよ』と気にも留めない様子でした。

その日は、そのまま解散となり、男性ともその後会うことはなかったのですが、しばらく経ってから、あるルートを通じて、私が暴力団関係者と付き合いがあるという話が出ているとの情報が寄せられます。

まったく身に覚えがないので、何のことかと聞くと、私が暴力団関係者と女性の店で一緒に写っている写真があるというのです。それで、このままでは、その写真があるアカウントを通じてＳＮＳに公開される可能性があると忠告されました。

実はその頃、その男性を紹介した投資家との関係が悪化していました。無理な要求をしてくることが多く、少数株主だったこともあって、距離を置くようにしていたのです。ただ、向こうにとっては、それが当然面白くなかったはずです。その投資家が裏で私にプレッシャーを与えるために動いているなという風にすぐに理解できました。

当然、事実としては、その男性とはたまたま同席したに過ぎないので、反社会的勢力と繋がりがあると認定されるわけはないのは分かっています。ただ、ＳＮＳでそういった風評が広まれば業績にも影響しますし、東南アジアの女性の店で遊んでいたというのも会社としてはレピュテーションリスクです。

ただ、実際に写真が公になれば、私がその男性を投資家から紹介されたと釈明するのは目にみえていますから、投資家にとってもダメージはあるはず。あくまで、私に言うことを聞かせるためにやっていたのだと思います」

このベンチャー企業と経営者がその後どういう展開を辿ったかについてまでは書けないが、上場・非上場に限らず、企業経営者を狙ったSNS恐喝屋が暗躍しているのも、闇アカウントの一つの側面である。

企業恐喝に詳しい警察関係者が言う。

「SNS恐喝屋は、つまるところ現代版の総会屋だ」

日本の個人情報を狙う中国系攻撃者グループ

日本人の個人情報や、日本企業の機密情報を売る海外の闇アカウントも存在する。個人情報がサイバー闇市場で売買される事例はますます増加しており、その中心にいるのは中国系攻撃者グループだ。

これらの中国系攻撃者グループは、テレグラムなどの匿名性が高いプラットフォームに闇アカウントを開設し、不正に入手したアカウント情報や個人データを売買する闇市場を形成している。この闇市場は、犯罪者コミュニティ内における個人情報の提供元となっており、詐欺被害が増加している大きな要因だ。

中国系攻撃者グループによる個人情報の取引は、極めて組織的に行われているとみえる。これらのグループは、フィッシング詐欺や不正アクセス、マルウェア感染などの手法を用いて、日本人のアカウント情報やクレジットカード情報、パスポート、運転免許証といったあらゆる個人データを収集している。

その後、収集された情報は、従来のダークウェブの闇市場だけでなく、テレグラム上の秘密チャットやグループ内などでも取引され、追跡が困難な暗号資産による決済手段を用いて売買を成立させている。

実際の個人データは以下のように売りに出されている（具体例を元に作成）。

【タイトル：日本人銀行口座（1名分）】
内容：氏名・ふりがな・生年月日・住所・携帯番号・銀行口座情報（銀行名・支店名・支店番号・口座番号・口座名義［カタカナ］・暗証番号・オンラインログイン情報［ID・パスワード］・取引パスワード［4桁］・届出電話番号・届出メールアドレス）
データ形式：テキストファイル
金額：ＢＴＣ・８００ドル　※筆者注　ビットコインで８００ドル相当の意味

【タイトル：日本人アカウント情報】
内容：ログイン情報１０００名分（ＩＤ・メールアドレス・パスワード・利用サービスＵＲＬ）
データ形式：ＣＳＶファイル
金額：ＢＴＣ・２００ドル

【タイトル：日本のX社 Data Leak】※筆者注　X社からのリークデータの意味
内容：登録者情報（アカウント名・氏名・住所・電話番号・銀行口座・メールアドレス・パスワード）
データ形式：ＣＳＶファイル
金額：ＢＴＣ・５００ドル

また、第4章で触れたＫＡＤＯＫＡＷＡへのランサムウェア攻撃によって流出した内部情報についても、他の攻撃者グループがダークウェブでリークしたデータを分析し、特定の個人情報に関わるデータだけを抜き出して、テレグラムのチャネルやグループで同様に売買する動きもみられた。

匿名アカウントを追うホワイトハッカー

こうした闇アカウントの活動に対して、独自に追跡を行っている民間のホワイトハッカーもいる。

ホワイトハッカーとは、悪意ある目的で技術を悪用するサイバー攻撃者（ブラックハッカー）と対照の言葉で、高度な技術や知識を駆使して、セキュリティの問題を発見し、改善する専門家のことを指す。メディアなどでは「正義のハッカー」などとも呼称される。企業や政府機関、個人が持つ情報資産を守ることを目的とし、サイバーセキュリティの分野において極めて重要な役割を担っている存在だ。

ホワイトハッカーの代表的な役割として挙げられるのが、ペネトレーションテストと呼ばれる実際のハッキング手法を用いた、システムに対する検証と評価だ。この手法により、悪意のある攻撃者が利用し得るシステムの弱点を事前に発見し、攻撃が行われる前に修正することが可能になる。ホワイトハッカーが実際にシステムへの侵入を試すことで、潜在的な被害を未然に防ごうというわけである。

また、サイバー攻撃発生に対応するためのインシデントレスポンス（事故対応）の現場でもホワイトハッカーは活躍している。サイバー攻撃が発生した際、被害の特定や拡大防止、迅速な復旧を行うための役割を担う。このような現場での対応には、攻撃者の手口を深く理解する専門性が求められるため、経験と知識を有するホワイトハッカーが必要とされているのだ。

そんなホワイトハッカーの中には、サイバー空間における調査や追跡を得意とする者もいる。日本に対して攻撃を行う海外グループがどういった闇アカウントを運用しているかを調査したり、ＳＮＳの闇アカウントによって被害に遭った人からの相談を受けたりして、闇アカウントの投稿内容や活動パターンを分析するなどし、匿名性の背後に隠れる犯罪者グループの正体を突き止めようと活動している者だ。

今回、ある二人のホワイトハッカーに、闇アカウントに関する動向について聞いた。なお、二人は別々に活動し、互いに面識や繋がりなどがないことをあらかじめ断っておく。

一人目は、フリーランスのホワイトハッカーとして活動する通称Ｃｈｅｅｎａ《チーナ》氏だ。

Ｃｈｅｎａ氏は、２０１７年に当時最大規模だった漫画の海賊版サイト「漫画村」の運営者を特定したことや、２０１８年に暗号資産取引所「コインチェック」がサイバー攻撃に遭った際に、流出した暗号資産の行方をブロックチェーンで追跡するためのプログラムを開発して公表したことなどで知られる人物だ。

ダークウェブやテレグラムなどのサイバー闇市場にも精通しており、日々どういったサイバー犯罪が発生しているかを追っている。

今回、匿名アプリのコミュニティなどにおいて、どういった匿名犯罪に関する情報がやり取りされているかについても聞いた。

「まずトクリュウや闇バイトに関連するものでは、不正に入手したクレジットカードを使って購入した物品を受け取る『荷受け』や、特殊詐欺の『受け子』の募集などが相変わらず目立ちます。警察による闇バイトの摘発が続いているにもかかわらず、正直言って不思議なほど減っていないですね。

あとは、高級ブランド品の『スーパーコピー』の販売を行うグループが増えてきている印象があります。実際に存在するデザインの完全なコピーを称していて、実際に日本国内の質屋に持ち込んでも換金に成功したという実例を謳っています。円安や高級ブランドの値上がりを受けて、こういった裏ビジネスが拡がっているのかもしれません。

また、海外で特殊詐欺を行っているグループが、現地当局の手から逃れるために活動拠点を移し、新たな地域で実行部隊を募るような告知もあります。そこには『カンボジアの拠点が危うくなったので、タイとミャンマーの国境に箱を移動して人材募集』『紹介料はプレイヤー給から中抜き。%は指定』『イジメやパワハラなし。スマホも自由』『報酬月100〜300万』といった文言が並び、末端の『掛け子』を紹介するブローカーを探しているような様子が窺えます。

珍しいものとしては、特殊詐欺グループをターゲットにした、『抜き』を告発するような投稿もあります。闇市場では、特殊詐欺の入金用などに使うための『飛ばし』の銀行口座が、オンラインバンキングのログイン情報とともに売買されているのですが、銀行口座を販売した側が、後に特殊詐欺などによってその口座に多額の入金があると、その瞬間に出金してしまうという新手の手法も出てきています。つまり、特殊詐欺グループを騙す、さらなる詐欺師という構図ですが、この手法が『抜き』と言われるものです。

テレグラムのコミュニティの中には、抜きの被害を受けたと思われる特殊詐欺グループが、銀行口座を売った相手の身分証明書などを掲載して『注意喚起』『指名手配』など呼びかけているケースもあります。恐らくその身分証明書は、販売者側が闇バイトの応募時に詐欺グループ側に提示したものと考えられますが、はじめから抜きを計画して闇バイトに応募する別のグループも出てきている様子で、そういった場合は身分証明書も偽造しているとみられます」

では、実際に匿名アプリに関して依頼される調査とはどういったものがあるのか。

「調査の種類は様々ですが、多いのはサイバー攻撃によって情報流出に遭った企業が、盗まれた情報が闇市場で取り引きされていないか調べてほしいといったケースです。以前であればダークウェブがそういった情報の主な流出先でしたが、最近では匿名アプリで出回ることも増えてきたので、調査対象として含まれるようになってきました。

こうした調査の多くは、攻撃を受けた企業から対応を任されたセキュリティ企業を通じて依頼されます。これは想像ですが、セキュリティ企業といっても一般企業なので、社員がサイバー犯罪者と接近するような業務はやりづらいのだと思います。その点、フリーランスの身であれば自由に動けますので、そういった依頼があるのでしょう」

日本で活動する北朝鮮「ラザルス」の一員と接触

もう一人のホワイトハッカーのX氏は、日本国内で活動する攻撃者グループに実際に接触したことがあるという。これまで見てきたように、サイバー攻撃者が匿名性というカーテンの向こう側から顔を出すことは滅多にない。攻撃者グループの人物像について、双方の身元が特定できない形で明かしてもらった。

「ある日本企業が被害を受けたランサムウェアを解析していた時に、それを使って攻撃をしていたグループに繋がる形跡を発見したことがありました。通常は攻撃者グループに辿り着くような情報は残っていないのですが、その時はミスに起因したと考えられるデータが残っていたのです。

そこで私は、そのデータの出元を突き止めることを試み、最終的には攻撃者グループの一員Y氏とオンラインでやり取りすることに成功しました。やり取りにおいては、なんとか相手の関心を引こうと、やや挑発的なメッセージを送るなどして、関係が途切れないよう試行錯誤を繰り返しました。オンラインでのやり取りは英語だったのですが、そうやって何度かメッセージの往復が続くうちに、Y氏がグーグル翻訳か何かを使って日本語から英語に変換しているのではないかと感じるようになりました。

つまり、相手が日本人かもしれないという可能性に行き当たったのです。それは私にとっても非常に意外でした。ランサムウェアの攻撃者グループは海外にいるという先入観があったからです」

この話は筆者（高野聖玄）にとっても意外であった。ランサムウェアの攻撃者グループが、日本国内でどのような活動をしているかについては、これまでほとんど明らかにされていない。そして、X氏がコンタクトに成功したY氏が、ニュースでも取り上げられる有名な攻撃者グループであることが次第に明らかになってくる。

X氏が続ける。

「Y氏が日本人かもしれないという感触を得た瞬間、ふと実際に接触できないかという考えが頭に浮かびました。そこで相手の信用を得るために、様々なやり取りをした結果、ついに実際に会おうというところまで漕ぎ着けます。正直、リアルで会うのは怖いという気持ちもありましたが、現実の攻撃者グループに属するのがどんな人物なのかという好奇心のほうがその時は強かったのだと思います。

東京都内で会ったY氏は男性で、歳は30代後半から40代前半くらいでした。

なぜ私とリアルで会うことにしたのかという問いに対しては、『自分が本当に有名な攻撃者グループの一員であることを示したかった』というように答えていたので、挑発的なメッセージを繰り返し送ってきた私に対して、何らかの対抗心があったのだと思います。ただ、話している感じでは常識的な人物であり、何か犯罪に関わるような匂いはありませんでした。

そして、その後も何度かリアルでY氏との接触を重ねるうちに、だんだんと自身のバックグラウンドや攻撃者グループの一員になった経緯を明かしてくれました。これまで、Y氏のことを公にしたことはありませんが、すでに国外に出てしまっているのにくわえ、サイバー攻撃者の実像について広く知ってもらいたいという気持ちから、今回話すことにしました」

X氏によれば、Y氏の話から浮かび上がってきた実像は次の通りである。

まず、Y氏は日本で生まれ育ち、X氏との接触当時は一般企業に勤める在日外国人であった。攻撃者グループに入ったきっかけは、ある時に仲良くなった在日外国人の同胞から副収入を得る仕事として誘われたこと。仕事を引き受けたのは、当時働いていた職場で仕事や人間関係にストレスを抱えており、それを発散できるのではないかと考えていたため。自身が受け持っていた役割は、ランサムウェアを拡散して個人や企業から身代金を集めることであり、ランサムウェアを拡散するための攻撃対象リストを集めていること。得られた身代金はグループが管理する暗号資産口座に入り、そこから一定の金額が成果報酬としてＹ氏に支払われる仕組みであることなどである。

Ｘ氏が慎重に語る。

「最終的に、Ｙ氏は自身が所属する攻撃者グループが『Lazarus《ラザルス》』であることまで明かしてくれました。その証拠として、ラザルスが関わったとされるサイバー攻撃でしか得られないような機密情報をいくつも示してきたことや、彼自身のバックグラウンドを考えると、末端の一員であったことは間違いないと思います」

ラザルスは北朝鮮当局の下部組織とされる攻撃者グループである。その名が広く知られるようになったのは、２０１４年に発生したソニー・ピクチャーズへの攻撃である。この攻撃では、未公開映画や社内の機密情報が漏洩するなど大きな被害が生じた。また、米国司法省は２０１７年に世界中で猛威を振るったランサムウェア「WannaCry《ワナクライ》」に関与しているとも警告している。

そして近年、北朝鮮の攻撃者グループは、暗号資産を狙った攻撃をさらに活発化させており、ラザルスもその一翼を担っているとみられている。２０２４年5月に暗号資産取引所「ＤＭＭビットコイン」から４８０億円相当のビットコインが盗み出された事件においても、警察庁はラザルスの一部門である「TraderTraitor《トレーダートレイター》」の関与を特定したと発表。米国連邦捜査局（ＦＢＩ）及び米国国防省サイバー犯罪センター（ＤＣ３）と共同で北朝鮮に対する「パブリック・アトリビューション」（サイバー攻撃の国家的背景を特定する形の非難声明）を出すに至っている。[16]

　このＸ氏の証言から浮かび上がってくるのは、それだけ大規模なサイバー攻撃を仕掛けているラザルスが、日本国内においてリアルな活動も行っているという側面だ。Ｘ氏が指摘するように、Ｙ氏は恐らく攻撃過程の末端を担っていただけとみられるが、そういう役割を攻撃対象の日本国内で調達しているという事実は大いに示唆に富む。

　Ｙ氏によれば、仕事を持ちかけてきたラザルス関係者は、協力してくれる同胞を他にも探していたというから、少なくとも複数の関与者が現在も日本国内に存在している可能性がある。ラザルスが日本国内に協力者を求める理由は判然としないが、サイバー闇市場などからだけでは入手できないような、攻撃対象の情報を収集する役割などが期待されているのかもしれない。

　なお、ラザルスによって大きな被害を受けたＤＭＭビットコインは、大手金融ＳＢＩ

グループに顧客資産を移管する形での廃業が決定している。

ＳＮＳに対する監視と対策をどう進めるか

闇アカウント問題においては、闇バイトの募集や指示、詐欺の温床となっているＳＮＳのプラットフォームに対する監視・対策を、いかに強化していくかが非常に大きな課題だ。これには、警察をはじめとする行政と、プラットフォーム事業者の協力が欠かせない。

もとより、警察や大手プラットフォーム事業者らは、インターネット掲示板やソーシャルゲームを通じた未成年への犯罪や、援助交際、違法薬物売買などの問題が起こるたび、対策方針の表明や監視体制の整備を繰り返してきた歴史がある。

だが、スマートフォンの普及、ＳＮＳの複雑化、出会い系アプリの一般利用化、スキマバイトのプラットフォーム登場、匿名アプリの進化など、この数年で一気に広がった

16　警察庁：北朝鮮を背景とするサイバー攻撃グループ TraderTraitor による暗号資産関連事業者を標的としたサイバー攻撃について
https://www.npa.go.jp/bureau/cyber/koho/caution/caution20241224.html

サービスやテクノロジーに対応しきれていない部分が出てきている。

ちなみに、スキマバイトとは、空いた時間に短時間で手軽に働けるバイトのことで、ここ数年注目を集めているものだ。スマートフォンのアプリを通じて、空き時間に働きたい人と労働力を必要とする企業をマッチングする仕組みが広がっており、配送、倉庫作業、イベント運営、飲食店の補助業務などの募集が多い。柔軟な働き方を求める学生や主婦、副業をしたいサラリーマンにとって便利な手段であり、企業にとっても急な人員不足を補う有効な方法として活用が期待されている。

しかし、こうした利便性の裏側で、スキマバイトの募集に闇バイトが紛れ込んでいる問題なども指摘されている。大手のスキマバイト事業者は、闇バイト問題の広がりを受けて、募集内容や募集元に対する監視・チェック体制を整備するとしているが、実効性がどの程度保たれているかは未知数である。

話を戻すと、日本で普及しているプラットフォームやアプリを巡る現実問題として、海外事業者が運営するものも多いという点がある。国内事業者であれば、総務省や経済産業省、金融庁等の監督官庁による規制や、警察による開示請求など、現在の制度環境でもスムーズに行える対策も少なくないが、海外事業者相手の場合は、そう簡単にはいかないからだ。

サイバー犯罪捜査に携わった経験をもつ警察関係者の一人は「事件化するには、証拠となるデータを揃えなければならないが、それが海外事業者にある場合、現場のある都道府県警察が警察庁に上げ、外務省を通じて当該国に対して協力を要請する形になる。米国の場合は日米刑事共助条約によって、警察庁から米国司法省に直接共助の要請をすることが可能だが、実際のところ要請が受け入れられて、こちらに情報が届くまで1年近くかかることも少なくない。その間に証拠がサーバーから消えてしまう場合もあるし、犯人は野放しだ。闇バイトのように次から次に関与者が入れ替わる犯罪への対応としては手遅れになってしまう」と苦い顔をする。

さらに、これまで見てきたように、フェイスブックやXといった超大手SNS事業者ですら、プラットフォームを流れる詐欺や違法な投稿に対して、常に周回遅れの対策しか行えていないことは明白である。いわんや、日本で詐欺や犯罪に使われているかどうかなど、海の向こうの本社側はほとんど関心がないと言っても言い過ぎではないだろう。海外のプラットフォーム事業者やアプリ事業者が、日本の犯罪抑止のために、自主的に動くことは今後も期待できそうにないと言える。

だが、トクリュウ問題の面からも、こうした海外プラットフォームへの対応は喫緊の課題だ。日本としても、ただ手を拱いているだけというわけにはいかないだろう。

２０２４年5月10日には、ＳＮＳ等を巡り権利侵害にあたる投稿への削除申請があった場合、運営事業者に早期の対応を義務付ける改正プロバイダ責任制限法が成立。２０２５年内の施行が予定されている。権利侵害の恐れがある広告等のほか、個人を誹謗中傷する投稿にも適用されるという。

これは、欧州連合（ＥＵ）のデジタルサービス法（ＤＳＡ）に準じたもので、サイバー空間におけるユーザーの安全性を確保するための「日本版ＤＳＡ」との位置付けだ。前述のように、これまで政府としてなかなか影響を及ぼせなかった海外ＳＮＳ事業者に対して、どの程度の実効性を持って対応できるかが問われている。

第6章

新たな脅威から身を守る方法

犯罪が生まれる背景に目を向ける

これまでの章を通して、新たな犯罪の脅威が私たちの生活を脅かしている現状を確認してきた。本書で取り上げた、特殊詐欺や強盗事件の増加、サイバー犯罪の複雑化の背景には、社会の変化やテクノロジーの進化が密接に関わっていることも繰り返し述べた通りである。

新たな脅威の象徴とも言える、SNSや匿名アプリの登場は、犯罪を首謀する者が、実行役や被害者と顔を合わせずに犯罪を主導できるため、犯罪へのハードルを低くし、さらには匿名・流動型グループという新たな犯罪集団の形態を生み出すことをテクノロジーの面から可能にした。

インターネットを通じた匿名性の高い環境下で、闇バイトの募集・応募が簡単に行えることは、非常に短期間で新たな犯罪集団を次々と形成できる状況を助長していると言わざるを得ない。これは明らかにテクノロジーの負の面と言える。

闇バイトに手を染める者が後を絶たない社会的な背景として、我が国において長く続いたデフレ経済下で進行した経済格差や、社会的孤立を感じる人たちが増えていることが大きく影響していると筆者は考えている。

実行犯の中に、社会に居場所を失った若者が多く含まれていることや、生活に困窮している者がいることは、第1章でも述べた。どんな理由があれ、犯罪に手を染めることは許されないが、働き口を得られない状況や孤立に追い込まれた結果、闇バイトに手を染める人たちが生じている現実には、社会全体としてもっと目を向ける必要があるだろう。

たとえ、闇バイトに応募した者たちが、最初は軽い気持ちだったとしても、その間違った一歩が新たな犯罪の連鎖を生み出すことにもなるからだ。実際、何件もの犯罪に関与し、逮捕された闇バイトらの多くは「指示役に個人情報を握られているため、犯罪に関与したことをバラされたり、襲われたりすることが怖くて抜け出せなかった」と供述している。

このような犯罪の連鎖が生まれている状況が、結果として、日本社会全体の安心安全を大きく揺るがしていることは論をまたない。トクリュウによる事件の増加が、現代の日本社会が抱える歪《ゆが》みと表裏一体である以上、政治・行政・警察だけでなく、社会全体で対峙していくしか、解決への道はない。

誰もが安心して暮らせる社会を作るためには、直接的な犯罪対策だけでなく、犯罪に巻き込まれる人々を支える仕組みの構築や、新しいテクノロジーによって生じ得るリスクを早期に把握することなど、長期的な視点に立って取り組まなければならないことも多い。

経済的に困窮する人々や社会から孤立する者へのセーフティネットを拡大し、犯罪行為に誘われにくい環境を整える必要もあるだろう。非正規雇用が多い世代に対しては、スキルアップを支援する職業訓練や就職支援も欠かせない課題である。学校教育や若者向けの情報発信を通じて、簡単に犯罪に手を染めることがないよう、社会全体の意識を高めるといった守りの対応も求められる。

ただし、それらのどの課題にしても、実行するには大きな予算が必要だ。経済成長の先行きが見通せない中で、富の再分配をどうバランスしていくかはより大きな問題である。

また、残念ながら犯罪がゼロになることがない以上、個々人としては、自分の身を守るためにできることを日頃からやっておくことこそが大切である。そのためには、身の回りで起こっている社会の変化、テクノロジーの進化、そしてそれらがもたらす新たな脅威について敏感になり、正しい知識を得ることが欠かせない。

本書のまとめとして、トクリュウによって表面化した新たな脅威から、個人が身を守るための方法をいくつか解説したい。

自宅を守る防犯対策

これだけ強盗事件の報道が流れると、自宅や店舗への侵入を心配する人が増えるのは当然だろう。実際、誰が被害者になってもおかしくない状況である。そこで、ここでは強盗に対する物理的な防犯対策から述べたい。

前提として、強盗や空き巣に入る犯罪者側の視点からすると、ターゲットが外部の目の届く場所であるかどうか、侵入時に明かりや音によって周囲に気づかれることがないかどうか、侵入までに時間を要しそうかどうかが、実行における判断材料になってくる。そのため、対策としては、それらの点において犯罪者が嫌がる状況を作り出せるかが重要と言える。

闇バイトによる強盗事件で、一番被害の多い一軒家を例に挙げると、外壁や門扉のエリア、外壁から建物の間のエリア、建物の出入口や窓など侵入口となり得るエリアの三つに分けて対策を考えると分かりやすい。

まずは外壁や門扉のエリアだが、単純に侵入への対策だけで言えば、外壁によって外部からの目が遮断されている状況はあまり好ましくないと言える。もちろん、侵入することが難しいほど高い外壁で一周囲まれていたりするなら別だが、乗り越えられることが容易な高さだったり、侵入できる隙間があるような外壁で、かつ外部から中の様子が見えにくい構造になっている場合、侵入者にとっては一度入れば外からの目を気にしないで済むため、むしろ好都合な環境であるからだ。

とはいえ、今ある外壁をすぐに変えるのはあまり現実的ではないだろう。そこで、外からの目を増やすという意味で、監視カメラの設置はやはり有効な対策である。外壁や門扉が映る位置や、玄関から門扉までの経路、駐車場などに監視カメラを設置することで、侵入者に対して、見られている可能性があると意識させることができるからだ。

くわえて、カメラの存在を明示するステッカーや看板を掲示することも、「ここは監視されている」という心理的圧力を侵入者に与え、犯行をためらわせる効果があるので、シンプルながら有効である。強盗や空き巣の場合、金銭を得て逃げ切ることが犯人の目的であるため、捕まるリスクが高いと感じさせることが大事であるからだ。この点は、怨恨など明確な殺意などを持って侵入してくるケースとは大きく異なる。

最近では、監視カメラの価格も下がっており、かつスマートフォンで映像をリアルタイムで確認できるネットワークカメラも数多く出ているので、費用対効果が最も高い対策の一つと言える。また、もし怪しい人物が自宅の周辺を下見目的でうろついているなどした場合、録画映像があれば警察としても警戒や他事件と関連していないかなどの捜査を行いやすいので、そういった面でも有効である。

また、単純ながら門扉に鈴など音の出るモノを付けるのも一つの手だ。単体での効果は限定されるものの、監視カメラなど他の対策と組み合わせることで、侵入者に対するプレッシャーを高める効果が狙えるからだ。

前述で指摘した、外壁や生け垣に侵入できる隙間があるような場合は、その箇所を人が通り抜けできないよう、塞いでおくことを勧める。侵入者視点で考えた場合、隙があると感じられることは、逆に実行に対するプレッシャーを下げるからである。

外壁から建物の間のエリアにおいては、防犯ライトの設置が夜間の犯罪抑止として効果が高い。センサー付きのライトを玄関前や通路、庭に設置することで、監視カメラの存在と同様、侵入者に対してプレッシャーを与えることができる。

実際、ライトが点灯することで犯行が周辺住民から目撃される可能性が高まるので、侵入者がその場を離れるきっかけにもなりやすい。また、住人にとっても、ライトが点くことで危険に気づきやすくなるうえ、状況把握や自身の安全確保にも役立つはずだ。

昔ながらの方法としては、敷地内の通路や窓の下に砂利を敷くことで、歩くたびに音が鳴るようにするものがある。これにより、侵入者が気づかれるリスクを嫌って、犯行を諦めることを狙うものだ。この音で知らせる方法は、周囲の音が静まる夜間において特に効力を発揮する。「防犯砂利」として売られているものもあり、こちらも費用対効果の大きい対策と言えるだろう。

建物の出入口や窓など侵入口となり得るエリアにおいては、鍵の管理が基本的な防犯対策となる。侵入者は古い鍵や、壊しやすい錠前を狙うため、まずは防犯性能の高い鍵へ交換することが推奨される。

ピッキング耐性のあるディンプルキーや、複製が困難な電子錠を導入することで、侵入リスクは大幅に低減できるし、玄関や勝手口の扉に、複数の鍵や内鍵を設けるのは侵入への時間を稼ぐという意味でも有効である。

また、玄関や勝手口だけでなく、窓やバルコニーの鍵を日頃からきちんと掛ける習慣をつけることも重要だ。そして、ゴミ出しなど、どんなに短時間の外出でも、必ず玄関や全ての窓に鍵を掛けておく習慣を持つことが一番大切である。「ちょっと目を離した隙に」や「ついいつもの癖で」が生み出す一瞬の油断のために、犯罪に巻き込まれてしまうことは少なくない。

もう一つ大切なのは、窓ガラスの強化である。侵入者の多くは、扉より侵入が容易な窓を狙う傾向があるため、窓ガラスに防犯フィルムを貼ったり、割れにくい強化ガラスや複層ガラスを使用したりすることで、侵入の難易度を上げることが有効である。

もし可能であれば、窓の外に雨戸やシャッターなどを設置できるとなおよいだろう。雨戸やシャッターは実際の侵入の妨げになるだけでなく、外から見た際の抑止効果もあるからだ。窓や扉を強化するものとしては「CPマーク」[17]のついた部品も推奨される。CP部品と呼ばれるもので、窓や扉が壊されにくくなるため、自宅の箇所に適合するものがあれば交換を検討するのも一手だろう。

17　5団体防犯建物部品普及促進協議会：CPマーク
https://www.bouhan-cp.jp/cp_about.html

もし、雨戸やシャッターがなく、増設が難しい場合は、窓の開閉部分に補助錠を設けることで、外から無理に窓が開放されることを妨げる方法もある。また、窓ガラスが振動したことを知らせるアラーム発報型のセンサーも実用性が高い製品だ。

いずれにせよ窓ガラスにおける対策は、侵入者が室内に入ってくる時間を稼ぐことが最大の役割である。地域によって状況は異なるが、110番から現場に警察官が駆けつけるまでの時間（リスポンスタイム）は、平均8分程度とされている（令和4年版警察白書）。そのため、もし侵入された場合に被害を抑えられるかどうかは、その状況にいかに早く気づけるかと、室内に侵入されるまでの時間をいかに長引かせるかにかかってくる。強盗や空き巣においては、サイレンの音が聞こえてからも、侵入者が犯行を続ける可能性は著しく低いと考えられているからだ。

まとめると、三つのエリアにおいて、これらの対策を組み合わせることで、防犯の効果を最大化することが望ましいということになる。監視カメラや防犯ライトで侵入者に心理的な圧力を与え、鍵や窓ガラスの強化によって物理的な侵入を難しくし、いかに侵入者を手こずらせられるかが肝だ。

ただし、どんな状況であれ、自らが外に確認に出たりすることは避けるべきである。

侵入者は複数人の可能性もあるし、武器を持っている可能性も高い。万が一、そのような危険な状況に陥った際は、可能な限り侵入者から見つかりづらい場所に身を隠して110番をし、その指示に従いながら、警察官の到着を待ってほしい。そういう点では、普段から有事の際に家の中のどういった場所に身を隠すかをイメージしておくことも大切である。

また、地域ぐるみで防犯意識を高め、定期的なパトロールや近隣住民との連携を図ることも、犯罪の抑止や早期発見の観点から重要だ。犯罪のターゲットにならないためには、自助と共助における対策を継続的に見直し、防犯意識を持ち続けることが鍵となる。

自宅の状況について、自分だけでチェックするのが心配な方は、警察やセキュリティ会社に相談すれば、住宅防犯診断を受けることができるので、問い合わせしてみるのもよいだろう。

ＰＣが発する大音量アラートに騙されるな

インターネットを通じたサイバー詐欺（広義にはサイバー攻撃）には、多岐にわたる手法が存在するが、本項ではその中でも代表的な事例と対策をいくつか紹介したい。

まず、高齢者における被害が多いものに、マイクロソフト・ウィンドウズPCの利用者に対する偽サポート詐欺がある。これは、ウィンドウズPCを利用しているユーザーに対して、音量付きの偽の警告メッセージを発して、ウィンドウズ・システムに「重大なエラー」や「ウイルス感染」が発生したと偽装することから始まる。

ほとんどのケースでは、ブラウザやメールから何かを表示しようとしている際に、いきなり音量付きの偽の警告メッセージが出てくる。そして、アラートによって焦ったユーザーは、その画面に表示された偽のサポートセンターに電話するよう誘導されることになる。

もし、PC画面に表示された連絡先に電話をかけてしまうと、犯罪グループが運営する偽のコールセンターに繋がり、巧妙に信頼を得る対応が行われる。犯罪グループは、マイクロソフトやウィンドウズのサポートスタッフや、セキュリティ技術者等を名乗り、被害者のウィンドウズPCを乗っ取るために、リモートアクセスソフトをインストールするよう言葉巧みに誘導してくるので、間違って電話してしまった場合は、すぐに切ってほしい。そこで指示に従って、リモートアクセスソフトをインストールしてしまえば、パソコンの操作権限を犯罪グループに奪取されることになるからだ。

そうなると、犯罪グループは、被害者のPCに対して架空のアラートをさらに表示するなどして、その修復やセキュリティソフトの購入を名目に、多額の料金を請求したりしてくる。また、その支払いのためにクレジットカード情報やオンラインバンキング情報を要求することで、これらの情報を使ったさらなる金銭の搾取を狙ってくる。

こうしたサイバー詐欺の背後には、国際的な組織的犯罪が関与しているケースが多く、偽のコールセンターは、日本語の話者が多い中国や東南アジアなどで運営されていることが知られている。ただし、PC画面に表示される偽のサポートセンターの電話番号は、ターゲットを惑わせるために、マイクロソフトの本社がある米国の番号を経由して、運営地に転送されるケースも多い。

そのため、表示される電話番号が米国のものだからと油断してはならない。なぜなら、マイクロソフトにしろ、他のセキュリティ製品にしろ、PCに問題が発覚した際に、アラートを大音量で鳴らしたり、サポートセンターに電話することを要求したりすることは〝絶対にない〟からである。そういった動作や要求をするものは、全て詐欺と捉えて問題ない。

また、これらの犯罪グループは、被害者から金銭を窃取するだけでなく、騙し取った個人情報を不正利用したり、ダークウェブなどのサイバー闇市場で転売したりする場合もある。さらには、詐欺の過程でインストールされるソフトウェアの中に、スパイウェアやランサムウェアが含まれている可能性もあり、それにより被害者のPCやデータがさらなるリスクに晒《さら》される可能性もあるので、重ねての注意が必要だ。

このような詐欺から身を守るためには、まず不審な警告メッセージに冷静に対処することが重要だ。繰り返しになるが、マイクロソフトなどの正規の企業は、システムエラーやウイルス感染にアラート音を鳴らしたり、電話番号を通知したりすることはない。また、身元が確認できない相手に外部からのリモートアクセスを許可したりすることも避けたい。

もし、アラートが表示された場合の対処方法としては、まず、次のいずれかの方法でタスクマネージャーを開く。なお、その際に画面は操作できない風に偽装されているので、マウスではなく、キーボードで操作するのがよい。

- キーボードの「Ctrl + Shift + Esc」を同時に押して、タスクマネージャーを直接開く。

・キーボードの「Ctrl ＋ Alt ＋ Delete」を同時に押して、表示されるメニューから「タスクマネージャー」を選択して開く。

タスクマネージャーが開いたら、そこに表示されているWindows Edgeなどのブラウザを強制終了すればアラート画面は消える。

次に、念のため信頼できるセキュリティソフト（普段から使っているセキュリティソフトがあればそれを使用。特にインストールしていない場合は、ウィンドウズに付属しているセキュリティ機能である「ウィンドウズ・セキュリティ」を使用する）でスキャンし、不正なプログラムがないかを確認する。

最後に、偽のアラートが表示される前に使っていたブラウザの設定画面を開き、「閲覧データを削除する」（Windows Edgeの場合）などの項目から、キャッシュと履歴を全て削除し、クッキー（cookie）についても過去1日分は削除しておく。

また、今後の予防として、設定画面で不要な拡張機能も無効化しておくとよいだろう。くわえて、ウィンドウズOSや、使用しているアプリケーション、セキュリティソフトが最新の状態に保たれているかもチェックしていただきたい。

どうしても不安になり、マイクロソフトに問い合わせたい場合は、アラートとして表示されている電話番号ではなく、グーグルやヤフーなどの検索サイトから、マイクロソフトの公式サイトを辿り、サポートページから問い合わせてほしい。なお、正規のマイクロソフトのサポートサイトでは、ＡＩチャットによる対応がメインである。

巧妙化するフィッシング詐欺への対策

偽サポート詐欺に似た手口としては、フィッシング詐欺がある。インターネット上で個人情報や金銭を不正に取得する詐欺の総称であり、年々その手口は巧妙化している。典型的なフィッシング詐欺の手口としては、正規の企業やサービスを装ったメールを送りつけ、そこに記載されたリンク先の偽サイトに、ターゲットのログイン情報（ＩＤ・パスワード）やクレジットカード番号を入力させるものだ。

読者の中にも、ヤマト運輸やアマゾンなどを装ったメールやＳＭＳが送られてきたことがある人も多いと思うが、ＳＭＳを使ったものは「スミッシング攻撃（Smishing）」とも呼ばれる。他にも、実在する銀行や通販サイトからの緊急通知を偽装する方法や、偽のアプリを通じて情報を盗む手法など、スマートフォンの普及でフィッシング詐欺の手口も非常に多様化している。本書ではそれらを総称してフィッシング詐欺と呼ぶ。

警察庁のデータ[18]によれば、2024年上半期におけるフィッシング被害の報告件数は、63万3089件、インターネットバンキングに関する不正送金被害総額は約24億4000万円になっているという。オンラインバンキングの不正利用では、高額な詐欺被害も数多く報告されている。また、電子マネーやアマゾンなどのギフトカードの番号を入力させる手口も相変わらず多くみられる。

警察庁によると、日本で最初にフィッシング詐欺の被害が確認されたのは、2004年12月だという。それから約20年が経っているが、被害は一向になくならないどころか、むしろ年々拡大傾向にある。2023年のフィッシング情報の届け出件数は、前年と比較して大幅に増加し、約120万件にも上る[19]。

18　警察庁：令和6年上半期におけるサイバー空間をめぐる脅威の情勢等について
https://www.npa.go.jp/publications/statistics/cybersecurity/data/R06_kami_cyber_jousei.pdf

19　フィッシング対策協議会：フィッシングレポート2024
https://www.antiphishing.jp/report/phishing_report_2024.pdf

それだけに、フィッシング詐欺への対策は、インターネット空間の安心安全にとって欠かせない課題である。特に、スマートフォンを利用した手口が増加していることから、被害を防ぐためには適切な知識と対策が誰にとっても重要である。

フィッシング詐欺への個人としての対策は次の通りだ。

- メールやSMSを通じて、普段使っている銀行やサービスからメッセージを受け取った際には、リンクを不用意に開かず、公式サイトや普段から使用しているアプリを通じて内容を確認する習慣を持つ。
- 普段から迷惑メールや迷惑SMSのフィルター機能を使う。
- PCやスマートフォンのブラウザのWebフィルター機能（フィッシングや危険なサイトをブロックする）を使う。
- よく使うサイトは、ブラウザのブックマークから開くようにする。
- 偽のアプリをインストールさせることで個人情報を窃取したり、端末に不正アクセスしたりする手口もあるので、これを防ぐために、アプリをダウンロードする時は、必ず公式ストア（Google PlayやApp Store）を利用し、開発者情報やレビューを確認する。

- PCやスマートフォンに、常に最新のセキュリティアップデートを適用しておく。
- クレジットカードやオンラインバンキングの利用履歴を定期的に確認する。

また、パスワードの使いまわしは、フィッシング詐欺をはじめ、サイバー攻撃による被害を拡大させる大きな要因である。もし一つのサービスでアカウント情報（ＩＤ・パスワード）が流出すると、それを入手したサイバー攻撃者は、他のサービスでも同じアカウント情報で試すため、パスワードを使いまわしていると、さらなる不正ログインの被害に繋がる危険性があるからだ。

これを防ぐためには、各サービスで異なるパスワードを設定し、複雑で推測されにくいものを選ぶことである。また、スマートフォンやブラウザに搭載されているパスワード管理ツールを活用することで、安全性を確保しつつ利便性を高めることができる。

とはいえ、パスワード管理ツールに全てを登録することに不安を覚える向きもあるだろう。そういった場合には次のような管理方法もある。

・パスワードをAクラス（オンラインバンキングやクレジットカード、パスワード管理ツール自体の管理パスワードなど最重要のもの数点）とBクラス（それ以外の全て）の2種類に分ける。

・Aクラスのパスワードを決めるためのルールを決める。たとえば「好きな言葉」＋「好きな数字」＋「サービス名を表す文字」といった具合だ。サービスによっては、大小英数字と記号を組み合わせるように指定している場合もあるので、それに対応できるように考えておく。

・Aクラスについては、右のルールに則って、それぞれバラバラのパスワードを作成して、それを頭で記憶しておく。実際にルールと作成例を作ってみると次のようになる。

自分の好きな言葉：大文字小文字が混ざるようにする「Kibou」など

好きな数字：誕生日や銀行、クレジットカードの暗証番号以外の数字「1192」など

サービス名を表す文字：銀行なら「GNK」、クレジットカードなら「CRD」など

〈作成例〉
銀行用：Kibou1192GNK
クレジットカード：Kibou1192CRD

もし、記号が必要な場合は、最後に記号を足すなどする。

・Bクラスのパスワードは全てパスワード管理ツールに登録し、パスワードは自動生成されるものを利用する。
・パスワード管理ツールは、スマートフォンの生体認証と連動したものが推奨。
・Aクラスのパスワードを忘れないか心配な場合は、パスワードそのものか、作成ルールを書いたものを、自宅の安全な場所に保管しておく。

なお、サービス名を表す文字の部分が単純だと、もしどれかが漏洩した場合に、他のパスワードを推測される可能性もあるので、その点は実際の使い方に合わせて工夫していただきたい。

また、自らがフィッシング詐欺に遭わなくても、利用しているサービスがサイバー攻撃を受けて、そこからアカウント情報が漏洩する場合もある。そのような事態にも備えて、多要素認証（Multi-Factor Authentication：ＭＦＡ）を利用するメリットは非常に大きい。多要素認証は、フィッシング詐欺だけでなく、個人が様々なサイバー攻撃から身を守るための最も効果的な対策の一つと言える。

多要素認証の仕組みは、サービス利用時にパスワードだけでなく、スマートフォンに送られる確認コードや指紋認証など、複数の認証要素を必要とするものだ。これにより、仮にパスワードが何らかの形で流出しても、不正アクセスを未然に防ぐことを可能とする。多要素認証を設定できるサービスでは必ず有効にし、積極的に利用していただきたい。

フィッシング詐欺は手口が巧妙化し続けているため、一人ひとりが意識を高め、日常的に対策を実践することが求められる。メールやＳＭＳによる偽サイトへの誘導に対する注意、パスワードの使いまわしをしないこと、多要素認証を活用することなど、基本的な対策を徹底することが被害を未然に防ぐ鍵となる。

ＳＮＳで誹謗中傷されたら

ＳＮＳにおける誹謗中傷問題は、インターネット社会における深刻な課題の一つである。ＳＮＳが広がったことで、誰でも自由で簡単な情報発信をすることができ、世界中の多くの人々と繋がることができるようになったが、その反面、匿名性を盾にした悪意を持った発言や、個人への誹謗中傷も後を絶たない。

タレントやスポーツ選手などの著名人だけでなく、一般の人たちに対しても、悪質な投稿やメッセージの送付が行われる事例が多く報告されている。実際に、ＳＮＳで誹謗中傷を受けたことを苦に、自ら命を絶つ事件さえいくつも起こってしまっている。いまやＳＮＳにおける誹謗中傷は、単なるネット上の言葉で済まない重大な問題である。

また、ＳＮＳでの誹謗中傷の裏側では、金銭を恐喝することを目的にした事件も起こっている。ＳＮＳで誹謗中傷を繰り返したあげく、相手に対して「この情報を拡散されたくなければ金を払え」や「この投稿を削除してほしければ金を支払え」といった要求をするケースである。

誹謗中傷と恐喝が結び付きやすいのは、ＳＮＳの匿名性と拡散力による。匿名のアカウントを利用することで、加害者は自分の身元が特定されにくいという安心感を持ち、攻撃的な行動に出やすくなることも大きい。

また、SNSの特性上、一度投稿された情報は短期間で広範囲に拡散されるため、被害者が恐怖心を抱きやすくなる。こういった構造を加害者が悪用し、被害者の恐怖心をあおって金銭を要求するわけだ。

実際、SNSを使った恐喝に手を染めるトクリュウが存在することは、第2章や第5章でも指摘した通りである。ここでは、もしSNSで匿名の相手から誹謗中傷を受けた場合、どういった対応が望ましいかについて述べたい。

まず、SNSの誹謗中傷問題においては、SNSを運営するプラットフォーム事業者がどういった対応を行うかが重要になってくる。多くのプラットフォーム事業者は、利用規約に基づき誹謗中傷を禁止しているが、投稿内容の監視や削除のスピードが追いついていないのが現状と言える。

Xやインスタグラム、フェイスブックといった大手は、AI技術を使って問題のある投稿を自動検出したり、ユーザーからの報告に対応する仕組みを設けているとしているが、現状からしてプラットフォーム事業者の対応が十分であると感じている人は少ないだろう。

そこで、匿名の相手からSNSで誹謗中傷を受けた場合は、自ら行動を起こさないと解決しないことも多い。そのためには、まずは冷静に状況を把握し、投稿内容や脅迫メッセージをスクリーンショットで保存するなど、証拠を確保することが重要だ。その後、プラットフォーム事業者の通報窓口か、見つからない場合はカスタマーサポートに連絡し、問題の投稿があることを伝え、必要に応じて削除を依頼する。

悪質な場合は、それを投稿した者を特定する必要も出てくるだろう。その場合、プラットフォーム事業者に投稿者のIPアドレスや登録情報の開示をしてもらわなければならないが、手続きが煩雑で時間がかかることや、海外に拠点を持つプラットフォーム事業者の場合は、そのハードルがさらに高くなるので、被害者側にとっては大きな負担だ。

現実的には自分でプラットフォーム事業者とやり取りするのは難しいため、まずは弁護士に相談し、匿名投稿者の特定手続きや、損害賠償請求をどう進めるかを相談するのがよいだろう。法的な観点から適切なアドバイスを受けることで、被害者側としても冷静な判断ができるようになるメリットもある。一方で、法的手続きには時間や費用がかかるうえ、必ずしも相手を特定できるとは限らないことはあらかじめ理解しておく必要がある。

また、悪質度が高い場合や、誹謗中傷が繰り返される場合は、警察に介入してもらうことも手立てだ。名誉毀損罪や脅迫罪に該当すると考えられる場合は、警察に被害届を提出して、捜査を進めてもらうのがよいだろう。

ただし、警察が捜査するためには、具体的な証拠や、被害を受けたことを本人がしっかりと説明する必要があるので、相談に行く前にしっかり準備しておくようにしたい。警察に相談に行くのに弁護士は必ずしも必要ではないが、うまく説明する自信がない場合などは、まずは弁護士に相談して被害届のサポートを受けるのもよいだろう。

では、誹謗中傷してきた相手に対して、具体的にはどんな手続きを取ることが有効なのか。実際にSNSで誹謗中傷を受け、その相手を特定することからはじめ、最終的には民事裁判によって損害賠償請求を勝ち取った元自衛官・五ノ井里奈（現在は筆者らの経営する会社にコンサルタントとして所属）の事例をもとに解説したい。

「私は、2022年6月29日に勤めていた自衛隊を退職し、この日に世の中へ向けて声を上げました。被害内容を話している動画をYouTubeで配信したところ、応援の声もありましたが誹謗中傷のコメントも少なくありませんでした。

そして事実を多くの人に知ってもらおうと、様々なメディアに露出するにつれ、SNS上の誹謗中傷も増加していきました。

『あんなブスがセクハラって』『だいたいよ、血気盛んな男達の場所に女が入る意味をちゃんと考えろよ』『見通しが甘いとしか言えない』『自衛官にはハラスメントがない。嘘の情報を流すのはやめてください。やめないなら、殺すぞ』――。たくさんの心が張り裂けるような言葉が浴びせられました。

これ以上は耐えられない。私はそう思い、誹謗中傷が多数寄せられている実態を、警察に相談することにしました。具体的な手続きとしては、まず被害届を出し、それまで投稿された言葉を全て洗い出して、捜査員の方と一緒に内容を精査していったと記憶しています。そして、その中でも侮辱罪や名誉毀損罪に当たるようなものを抜き出して、それらに対してプロバイダーの割り出し、IPアドレス特定を捜査員の方が行ってくれました。

そして、証拠が固まると、令状請求を経て、差し押さえたログから契約者を割り出し、戸籍や携帯電話等の履歴が集められました。そして、それらの証拠をもとに、警察による捜査が行われ、容疑者の逮捕に至りました。なお、侮辱罪で逮捕されたのは、面識はなかったものの元同僚とも言える現役の陸上自衛官で、最終的には罰金30万円の略式起訴となります。

被害届を出してから略式起訴に至るまでの約1年間は、正直気が滅入るようなことも多かったですが、それでも今振り返れば、闘って良かったと思っています。同じような被害に遭っている方にも、声を上げることで救われる自分がいたことはお伝えしたいです」

何より、誹謗中傷の根本的な解決には、社会全体における意識改革が欠かせない。インターネットやSNSを利用する全ての個人が、言葉の重さを理解し、責任ある発信や拡散を心がけることが大切だ。

また、SNSが情報社会の重要インフラとなっている以上、プラットフォーム事業者にどういった責任を持たせるかの社会における合意形成、国内外のプラットフォーム事業者に向けた行政によるガイドラインの規定、警察による監視体制の整備、被害者が迅速に救済される仕組み作りなど、マクロの視点における取り組みを常にアップデートしていく必要もある。被害者だけの問題とするのではなく、社会全体で課題を共有し、持続的な対策を講じることが必要不可欠だろう。

警察にはいつ相談すべきか

本書の最後に、あえてこの項を設けたのは、実際に被害を受けた方の中にも、警察に相談することを躊躇《ちゅうちょ》されるケースが多いためだ。その理由は様々だろう。この程度の被害で相談してもいいのか、相談することでさらなる被害を被る可能性があるのではないか、警察は忙しいので迷惑ではないか――。

だが、筆者（櫻井裕一）が現職だった時には、被害者の方には少しでも早く相談にきてほしいといつも思っていた。もし、リアルタイムで身の危険を感じているならば、すぐさま110番をするのが望ましいし、急を要さないことでも何らかのトラブルを抱えているのであれば、最寄りの警察署の窓口に行っていただきたい。それによって未然に防げる犯罪もあるからだ。

逆説的かもしれないが、警察が一番に望んでいるのは、犯罪が発生しない社会である。それは世間も同様だろう。本書を通じて見てきたような、匿名犯罪者の増加など誰しも望まないはずだ。そのためには、社会全体が新たな脅威に対して敏感になり、犯罪を未然に防ぐための手立てを講じることである。それゆえ、必要であればすぐにでも警察に通報・相談してほしいと記した次第である。新たな脅威に対して、社会が一丸となって対峙していける未来を望んで、本書の締めくくりとしたい。

あとがき

２０２４年11月29日、石破茂総理は衆参両院の本会議の所信表明演説において、「闇バイトによる強盗・詐欺を断じて許してはならない。悪質な事件の主体となっている匿名・流動型犯罪グループの検挙を徹底するための取り組みを一層推進していく」と、異例とも言える組織犯罪対策についての言及をした。２０２４年12月４日の参議院本会議においても、トクリュウが首謀する闇バイト問題が増加していることに対して、「検挙を徹底するために、警察官の増員と装備や資機材の高度化も進める」とし、対策強化の考えを明らかにしている。

その１週間後の12月11日には、自民党の治安・テロ・サイバー犯罪対策調査会（会長・高市早苗議員）が首相官邸で石破総理に、闇バイト強盗対策に関する緊急提言を提出。その内容は、警察官が身分を隠して犯罪組織に接触することを可能にするための

「仮装身分捜査」や、海外のプラットフォーム事業者に情報開示を迅速に求めるための環境整備など、かなり踏み込んだものだった。石破総理は「当面できることを徹底してやっていく」と応じ、犯罪対策閣僚会議での議論に実際に反映させた。

本書を執筆している間にも、トクリュウによる闇バイト強盗、特殊詐欺、ホストクラブの売掛問題に関するニュースが連日報じられる状況が続いている。匿名犯罪はまぎれもなく国家的問題である。

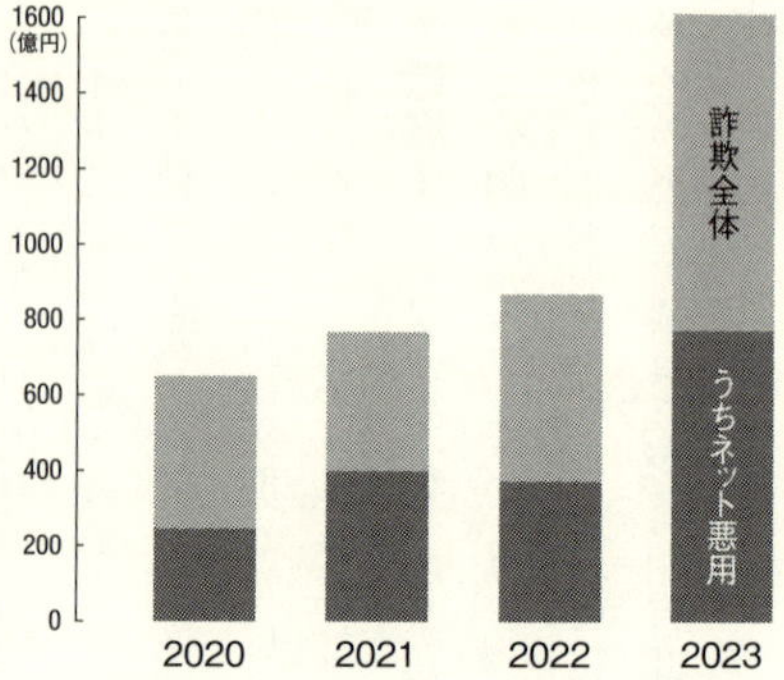

図表4　詐欺による被害額
出典:警察庁

日本における刑法犯認知件数は２００２年をピークに長らくダウントレンドで推移してきたが、２０２２年（前年比６％増）、２０２３年（前年比17％増）と連続して増加。そして、増加傾向は強盗などの凶悪犯についても同様である。特に詐欺被害は酷く、被害額は約１６２６億円と前年から85％も増えている（図表４）。これは明らかに本書で述べてきたように、ＳＮＳと匿名アプリの悪用の影響だ。

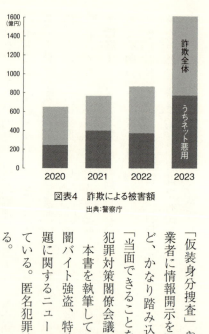

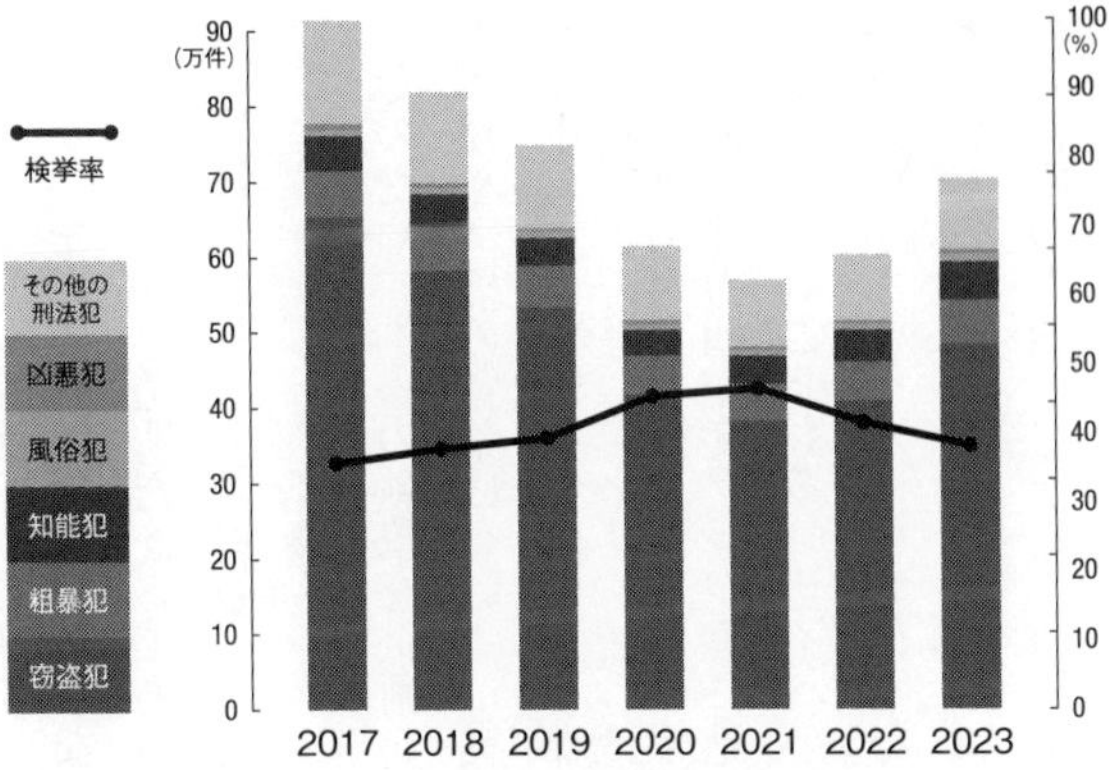

図表5　刑法犯認知件数と検挙率
出典:警察庁犯罪統計

これまで、「治安の悪化」とは印象論であるとされがちだった。ニュースやＳＮＳでたまたま目にする機会が多いからであり、日本の刑法犯認知件数は実のところ年々減っているとされてきたが、ついに印象だけでなく、数字上でも治安悪化を示す事態になってしまった。

もう一つ懸念されるのは、反比例するように検挙率は下がっていることだ（図表5）。２０２０年と２０２１年はコロナ禍で社会的な活動が停滞していたことから刑法犯認知件数が低く、そのため検挙率が高くなっている側面があった。しかし、これだけ闇バイトによる事件の増加が認められる中においては、多くの国民をさらに不安にしかねない。冒頭の石破総理による異例の発言は、こうした状況への大きな危機感によるとみられる。

だが、まだまだ予断は許されない状況だ。捜査における最大の障害である匿名アプリへの対抗策が不透明だからである。たとえテレグラムやシグナルに対して何らかの解決策（運営事業者による情報開示協力以外に現実的な方法は限定的とみられる）が出てきたとしても、その場合、犯罪者グループは他のツールに移行するだけだろう。

そのため、本書の執筆を企画した時点では、トクリュウという新たな犯罪者グループの出現や、その背景について、実例を交えながら明らかにしていくつもりだったが、闇バイトによる犯罪が一向に止まない状況を考え、どういった自衛ができるかについても第6章で具体的に述べることにした次第である。

正直、暴力団や半グレが裏に見え隠れするトクリュウと、海外の犯罪者グループによって行われることも多いサイバー犯罪を一つの本にまとめることが適切なのかどうかという迷いがなかったわけではない。しかし、被害を受けている側からしたら、加害者がどういった属性の相手であるかは二の次の問題である。まず必要とされているのは、新しい脅威の実態と、それへの対策であるはずだ。そう考えてここまで筆を進めてきた。

この新たな脅威に対する分類の難しさは、闇バイト問題が自民党の治安・テロ・サイバー犯罪対策調査会の中で議論されていることや、警察において組織犯罪対策部門とサイバー対策部門との連携が急速に進んでいることなどにも表れている。もはや、社会を取り巻く全ての問題において、リアルとサイバーの境界などすでになくなっていると言えよう。

それは、我々筆者二人の関係にも表れている。警察時代に一貫して組織犯罪対策に従事してきた櫻井裕一と、サイバーセキュリティを専門とする高野聖玄という、これまで正反対と言ってもいい世界で生きてきた二人が何の縁なのか、リアルの危機管理とサイバーセキュリティを併せて提供するリスクマネジメント会社を共同で経営しているのだ。そのことこそ、リアルとサイバーの脅威が融合していることの証左ではないだろうか。

2025年1月末日　新宿のオフィスにて

櫻井裕一
高野聖玄

櫻井裕一　Sakurai Yuichi

元警視庁警視・危機管理専門家。1957年生まれ。警視庁入庁後、一貫して暴力団、外国人犯罪集団等の組織犯罪対策に従事。2020年にリスクマネジメント会社 STeam Research＆Consulting を設立、代表取締役 CEO に。著書に『マル暴』（小学館新書）。

高野聖玄　Takano Seigen

サイバーセキュリティ専門家。1980年生まれ。IT エンジニア、経済誌の記者等を経て、サイバーセキュリティ業界で活動。企業や官公庁向けのサイバー犯罪対策支援、サイバー闇市場の調査を行っている。著書に『闇ウェブ』『フェイクウェブ』（ともに文春新書）。

中公新書ラクレ 836

匿名犯罪者《とくめいはんざいしゃ》

闇《やみ》バイト、トクリュウ、サイバー攻撃《こうげき》

2025年 3 月10日発行

著者……櫻井《さくらい》裕一《ゆういち》　高野《たかの》聖玄《せいげん》

発行者……安部順一

発行所……中央公論新社
〒100-8152 東京都千代田区大手町 1-7-1
電話……販売 03-5299-1730　編集 03-5299-1870
URL https://www.chuko.co.jp/

本文印刷…三晃印刷　カバー印刷…大熊整美堂　製本…小泉製本

Published by CHUOKORON-SHINSHA, INC.
Printed in Japan　ISBN978-4-12-150836-2　C1236